W0411203

Rudolf Czernin

EIN BÖHMISCHES MÄRCHEN

Helle Tage – dunkle Zeiten
Erlebte Zeitgeschichte

Leopold Stocker Verlag
Graz – Stuttgart

Alle Abbildungen wurden dem Verlag seitens des Autors dankenswerterweise zur Verfügung gestellt.

Bibliografische Information Der Deutschen Bibliothek
Die Deutsche Bibliothek verzeichnet diese Publikation in der Deutschen Nationalbibliografie; detaillierte bibliografische Daten sind im Internet über http://dnb.ddb.de abrufbar.

Hinweis
Dieses Buch wurde auf chlorfrei gebleichtem Papier gedruckt.
Die zum Schutz vor Verschmutzung verwendete Einschweißfolie ist aus Polyethylen chlor- und schwefelfrei hergestellt. Diese umweltfreundliche Folie verhält sich grundwasserneutral, ist voll recyclingfähig und verbrennt in Müllverbrennungsanlagen völlig ungiftig.

ISBN 3-7020-1028-9
Alle Rechte der Verbreitung, auch durch Film, Funk und Fernsehen, fotomechanische Wiedergabe, Tonträger jeder Art, auszugsweisen Nachdruck oder Einspeicherung und Rückgewinnung in Datenverarbeitungsanlagen aller Art, sind vorbehalten.
© Copyright by Leopold Stocker Verlag, Graz 2003
Printed in Austria
Layout: Klaudia Aschbacher, A-8101 Gratkorn
Gesamtherstellung: Druckerei Theiss GmbH, A-9431 St. Stefan

INHALT

Einleitung

Der materielle Rahmen des „Böhmischen Märchens“

Es fällt mir nicht leicht, den materiellen Rahmen des „Böhmischen Märchens“ und damit unseren sehr beachtlichen Reichtum zu beschreiben. Denn so mancher Leser mag dadurch den Eindruck gewinnen, ich wolle mich damit brüsten, imponieren oder protzen. Nichts liegt mir ferner. Denn dieser Reichtum ist uns in den Schoß gefallen, ohne daß wir einen Finger rührten oder irgendein Verdienst zu dessen Erwerb beitrugen. Ich tue es lediglich, um meinen Kindern, die mich seit Jahren dazu drängen, ein solches Buch zu schreiben, eine Vorstellung davon zu geben, wie wir in Böhmen wahrlich märchenhaft lebten. Ein Leben, das es heute in Europa nicht mehr gibt und das ansonsten in Vergessenheit geraten würde. Das wäre schade: nicht nur für meine Kinder, sondern für viele Leute, vor allem ältere, die an der Vorkriegsvergangenheit von Böhmen interessiert sein mögen. Allein deshalb schreibe ich dieses Buch, an dem ich selbst große Freude habe, weil mir in unzähligen Bildern, Anekdoten, Geschichten und Eindrücken die Vergangenheit plastisch wieder vor Augen tritt, so als wäre alles erst gestern gewesen.

Wir besaßen in Böhmen rund 17.000 Hektar Forst-, Land- und Teichwirtschaft, zwei Bierbrauereien, eine Ziegelei, zwei Brettsägen und folgende fünf Schlösser:

- Petersburg, unser Hauptwohnsitz im Sudetenland, 1623 durch Kauf erworben, ist heute eine psychiatrische Heilanstalt.
- Neuhaus, im 18. Jahrhundert durch Erbschaft erworben, ist jetzt ein Familienmuseum.

- Chudenitz, Stammsitz der Czernins, seit rund 500 Jahren in unserem Besitz, beherbergt heute ein kleines Familienmuseum.
- Schönhof, Anfang des 18. Jahrhunderts erbaut, ist jetzt ein Museum.
- Welchau, Besitz meiner Mutter, ist derzeit leerstehend.

Bei den meisten Schlössern gab es weitläufige Parkanlagen. Außerdem besaßen wir ein Palais in Wien, vis-à-vis von der rückwärtigen Fassade des Rathauses, ein Haus in Prag und die bedeutende Czerninsche Bildergalerie mit dem berühmten Vermeer van Delft („Der Maler bei der Arbeit"), einem signierten, datierten Dürer („Männliches Brustbild"), einem Tizian („Der Doge Andrea Gritti"), einem Rubens („Die heiligen Frauen am Grabe Christi"), einem Rembrandt („Rembrandts Mutter") und vielen erstklassigen Niederländern und Flamen aus dem 17. Jahrhundert. Soweit zum materiellen Rahmen.

Die Frage nach der Gesamtzahl der bei uns Beschäftigten, die benötigt wurden, um diesen materiellen Rahmen zu erhalten bzw. laufend zu betreiben, wäre interessant. Eine Frage, die ich jedoch nicht beantworten kann. Fest steht, daß es ein ganzes Heer an Beamten, Arbeitern, Hauspersonal, Taglöhnern etc. gewesen sein muß. Dabei ist zu bedenken, daß zu dieser Zeit weder die Landwirtschaft noch die Forstwirtschaft mechanisch betrieben wurde, sondern hauptsächlich händisch mit Hilfe von Zugtieren, Ochsen und Pferden, die die Produkte zum jeweiligen Bestimmungsort brachten. Auch wurden in der Forstwirtschaft die vielen tausend Festmeter Holz, die jährlich geschlagen wurden, händisch umgesägt, da es noch keine Motorsägen dafür gab. Das Hauspersonal, welches die fünf Schlösser in Schuß hielt, uns bediente und damit das Leben erleichterte, war beachtlich. Abgesehen von zahlreichen Dienern und Stubenmädchen waren Frauen den ganzen Tag über damit beschäftigt, in großen unterirdischen

Waschräumen die täglich anfallende Wäsche zu waschen und zu bügeln, denn Wasch- oder Bügelmaschinen gab es noch nicht. Auch haben Frauen des Ortes die langen Sandwege, welche die weitläufigen Parks durchzogen und mit dem Auto befahrbar waren, des öfteren gerecht; ebenso, und das jeden Morgen, den breiten viereckigen, ein großes grünes, mit Blumen bepflanztes Quadrat umrahmenden Sandweg im Hof des Schlosses von Petersburg. Ein monotones, einschläferndes Geräusch, das schon frühmorgens begann und mir bis heute in Erinnerung ist. In der Ziegelei, den Brettsägen, der Teichwirtschaft sowie den beiden Brauereien waren ebenfalls viele Menschen beschäftigt. Das gleiche gilt für die Gärtnereien, von denen es eine in Petersburg und eine in Chudenitz gab, sowie für die Pflege der vielen, mit üppigem Blumenwuchs und Ziersträuchern bepflanzten und von meiner Mutter geschmackvoll entworfenen Arrangements und Ornamente. Auch für die Erhaltung und Pflege der großen Parkanlagen in Petersburg und Schönhof bedurfte es vieler Arbeitskräfte. Allein der Park von Schönhof war über hundert Hektar groß; durchzogen von Bächen, über die gebogene kleine, weiß gestrichene Brücken führten. Im Park standen viele uralte, knorrige Eichen, von denen eine angeblich tausend Jahre alt war, sowie einige runde, mit glatten weißen Säulen eingefaßte Pavillons. Zahlreiche Beschäftigte waren hier tätig, von jeweils einem Obergärtner mit Gehilfen bis zu Taglöhnern.

Ein so großer Besitz, der so viele Menschen beschäftigte und damals mit Abstand der bedeutendste örtliche Arbeitgeber sowie Versorger mit Rohstoffen und Lebensmitteln war, bedeutete nicht nur Reichtum, sondern auch enorme Verpflichtung und Verantwortung: der eigenen Familie und ihrer Tradition gegenüber sowie auch den nächsten Generationen. Aber mindestens ebenso den vielen auf diesem Besitz Beschäftigten – eine soziale Pflicht und Verantwortung, die mein Vater vorbildlich wahrnahm.

Der zeitliche Rahmen

Dieser erscheint im Gegensatz zum materiellen Rahmen nicht wie aus „Tausend und einer Nacht“, sondern – rückblickend – wie ein fast unheimlich anmutender, schicksalhaft tragischer Traum. Und zwar deshalb, weil in ihm die magische Zahl „13“ eine lebensentscheidende und lebenseinschneidende, jeden Abergläubischen bestärkende, ja fast bestätigende Rolle spielte. Denn wir besaßen den Besitz Petersburg, unseren Hauptwohnsitz im Sudetenland, exakt 13 Jahre lang, auf den Tag genau: vom Freitag, dem 13. Mai 1932, bis zum Freitag, dem 13. Mai 1945. An diesem Tag kamen die siegreichen Russen, und wir mußten binnen einer halben Stunde weg – von Petersburg für immer. Wir flohen mit dem Auto nach Chudenitz, welches im amerikanisch besetzten Teil Böhmens lag.

Schloß Schönhof

Von Welchau aus, wo wir vor Antritt des Erbes in besagtem Jahr 1932 lebten, fuhren wir öfters nach Petersburg, was nicht weit entfernt war, um den alten und sehr lieben Onkel Franzi Czernin, einen eingefleischten Junggesellen, zu besuchen. Er lebte dort allein in dem großen Schloß, umgeben von einem weitläufigen Park. Ursprünglich hatte in Böhmen noch das Fideikommiß bestanden, eine Einrichtung des Deutschen Rechts, wonach ein Familienvermögen, meist Grundbesitz, ungeteilt in der Hand eines Familienmitgliedes blieb. Der Inhaber des Fideikommisses war in der Verfügung unter Lebenden und von Todes wegen beschränkt und erhielt nur den Ertrag des Vermögens zur freien Verfügung. Dadurch waren die vermögensrechtliche Grundlage für eine Familie und ihre soziale Stellung gesichert. Die Stiftung eines Fideikommisses erforderte obrigkeitliche Bestätigung. Die Erbordnung legte der Stifter fest (in der Regel Primogenitur = Erstgeburtsrecht). Da 1918, nach Gründung der tschechoslowakischen Republik, das Fideikommiß abgeschafft worden war, konnte Onkel Franzi seine böhmischen Besitzungen vererben, wem er wollte. Er adoptierte meinen Vater – nicht nach dem Gesichtspunkt der Primogenitur, denn er war der jüngste seiner Familie. So wußten wir, wir würden die zukünftigen Erben sein.

Bei unseren regelmäßigen Besuchen in Petersburg bereiteten uns die Ausfahrten mit dem Esel im Park besonderes Vergnügen – vor allem, wenn wir selbst kutschieren durften. Als Onkel Franzi 1932 starb und unser Vater uns recht ergriffen mitteilte, wir würden nun den großen Czerninschen Familienbesitz erben und daher von Welchau nach Petersburg übersiedeln, war meine erste spontane Frage: „Papi, haben wir auch den Esel geerbt?“, worauf mein Vater ob dieser takt- und pietätlosen Frage recht erbost war. Nicht nur auf den Esel freute ich mich ganz besonders, sondern auch auf einen für mich, damals schon Autofan, „märchenhaften“ Wagen, der bei all unseren Bekannten und Verwandten sowie in der Umgebung unbekannt war, Marke Hispano-Swisa. Diese spanisch-schweizerische Koproduktion von außerordentlichen Dimensionen war damals mindestens so berühmt, exklusiv und selten wie ein Rolls-Royce. Mit diesem offenen Auto durch die Gegend oder nach Karlsbad zu fahren – zu dieser Zeit eine sehr elegante Stadt mit den allerbesten Geschäften und Hotels –, war für uns Kinder jedes Mal ein ganz neues und erhebendes Erlebnis.

Dieser Traum soll nun im folgenden erzählt werden. Nicht in Form von Memoiren, sondern von Geschichten, Anekdoten, Erlebnissen, Eindrücken, Gefühlen und Bildern – ernsten, traurigen, lustigen, tragischen, grauenhaften. Das Ganze soll in lockerem Zusammenhang geschehen, mich dabei strikt auf die Zeit vor unserer endgültigen Vertreibung aus Böhmen – in diesem Fall Chudenitz, unserem letzten Domizil – beschränkend.

Kindheit und Jugend in Böhmen

Die Vorerbschaftszeit

Vor Antritt des Erbes lebten wir, wie schon gesagt, in Welchau, unweit von Karlsbad. Dort verbrachte ich mit meinen Geschwistern meine Kindheit bis zum achten Lebensjahr und absolvierte die ersten zwei Klassen Volksschule mit Privatunterricht und jährlicher Abschlußprüfung vor dem Volksschuldirektor des Ortes. Den Privatunterricht erteilte ein Hauslehrer, Herr Schipeck – ein Sonderling. Eines Tages schlug er sich mit einem Hammer einen Nagel durch die Hand, um zu fühlen – wie er meinem Vater sagte –, was Jesus bei der Kreuzigung empfunden haben mag. Obwohl mein Vater ein frommer Mann war, konnte er für diese Geschichte nicht das geringste Verständnis aufbringen und entließ Herrn Schipeck fristlos. Er wurde durch einen „normaleren" Hauslehrer ersetzt.

Schloß Petersburg

Das Leben in Petersburg

Wie schon erwähnt, traten wir am Freitag, dem 13. Mai 1932, das Erbe an und übersiedelten endgültig von Welchau nach Petersburg, in unser neues Zuhause. Dies war zwar nicht unser einziges Zuhause, wohl aber das hauptsächlichste. Denn von Ende November bis Mitte Februar wohnten wir in unserem Schloß Neuhaus in Südböhmen, und die Sommerferien, also zwei Monate, verbrachten wir auf Schloß Chudenitz in Westböhmen. Wie man daraus ersieht, spielte das Übersiedeln in unserem Lebens- und Jahresrhythmus eine enorme Rolle. Aber darüber soll später noch berichtet werden.

Als wir in Petersburg einzogen, wurden wir von den Honoratioren des Ortes, der Gemeinde und des Bezirks, dem Pfarrer und zahlreichen Dorfbewohnern mit Festreden, einer Musikkapelle und dem ganzen dazugehörigen Tamtam herzlich begrüßt und willkommen geheißen. Mein Vater war sichtlich ergriffen und bedankte sich für diesen feierlichen und herzlichen Empfang.

Nach kurzer, für uns Kinder – vermutlich auch für die Eltern – wahnsinnig aufregender Ein- und Angewöhnung voller neuer Eindrücke und unerwarteter Überraschungen begann sich allmählich der Petersburger Alltag einzustellen. Er war im wesentlichen geprägt vom Ernst der Schule, den Freuden der Freizeit, von Liebe der Eltern und Harmonie zwischen uns drei Kindern, von denen ich das jüngste war. Was den Ernst der Schule betrifft, so habe ich diesen nie so richtig ernst genommen: Ich war ein miserabler Schüler, die ganze Schulzeit hindurch, was meinem Vater Sorgen bereitete. Dies um so mehr, als mein Bruder Karl-Eugen immer ein Musterschüler war, ohne jemals ein besonderer Streber gewesen zu sein.

Meine Mutter

Ich hing mehr an meiner Mutter als an meinem Vater, obwohl er mir genausoviel Liebe bezeugte wie meinen Geschwistern. Solange ich noch ein Kind war, kam er jeden Abend zu mir, wenn ich schon im Bett lag, setzte sich auf den Bettrand und las mir Märchen vor oder erzählte mir frei erfundene Geschichten. Es tut mir bis heute leid, daß ich ihm diese Liebe und väterliche Zuneigung viel zuwenig gedankt und erwidert habe – vor allem weil mein Bruder Karl-Eugen, mit dem er auf bestem Fuß stand, dies tat. Er war deshalb auch sein Lieblingskind, was ich heute durchaus verstehe.

Auch in Petersburg gingen wir nicht in die öffentliche Volksschule im Dorf, sondern lernten, einschließlich der ersten Klasse Gymnasium, mit Hauslehrern, und zwar drei an der Zahl: einem deutschen, einem tschechischen und einer französischen Mademoiselle. Die jährlichen Volksschul-Abschlußprüfungen nahm der Oberlehrer der Petersburger Volksschule ab. Um ihn milde und nachsichtig zu stimmen, vor allem mir gegenüber, wurde er zuvor auf einen Rehbock oder eine Hasenjagd eingeladen. So konnte er doch bei der Prüfung das Grafensöhnchen nicht durchfallen lassen. Bei der Gymnasialprüfung, die in Prag stattfand, wo ich dann später auch zur Schule ging, war es leider nicht mehr möglich, den Prüfenden durch Rehbock oder Hasen zu beeinflussen, was zur Folge hatte, daß es auch nur mit Ach und Krach klappte.

Durch diese drei Hauslehrer, mit denen wir abwechselnd die meiste Zeit des Tages verbrachten, wuchsen wir ab unserer Kindheit dreisprachig auf, so daß wir Deutsch, Tschechisch und Französisch gleichermaßen fließend sprachen. Mein Vater beherrschte nicht nur diese drei Sprachen in Wort und Schrift akzent- und fehlerfrei; sondern zusätzlich noch Englisch. Als sehr kluger, gebildeter und weiser Mann sowie als böhmischer Patriot legte er Wert darauf, daß seine Kinder auch perfekt Tschechisch sprachen. Dies um so mehr, als zwei unserer Besitzungen – Neuhaus und Chudenitz – im tschechischsprachigen Teil des Landes gelegen waren.

Der Patriotismus meines Vaters äußerte sich zudem auch darin, daß er nie für die Abtretung des Sudetenlandes war, sondern immer für dessen Verbleib bei der Tschechoslowakei, wenngleich er für mehr Rechte der Sudetendeutschen eintrat, insbesondere was die Beschäftigung bei Bahn, Post und Gendarmerie sowie sonstige öffentliche Ämter betraf, wo ausschließlich Tschechen zu finden waren, was wesentlich zur verhältnismäßig großen Arbeitslosigkeit unter den Sudetendeutschen beitrug. Diese Tschechen – rund 800.000 – waren jene, von denen es heute heißt, sie wurden nach der Abtretung des Sudetenlandes von den Nazis vertrieben. Das ist eine der zahlreichen historischen Lügen, mit denen die Vertreibung der Sudetendeutschen wenigstens zum Teil gerechtfertigt werden soll. Sie wurden nicht vertrieben, sondern gingen freiwillig nach Verlust ihrer Arbeitplätze, die nun durch Sudetendeutsche besetzt wurden, ins Landesinnere zurück, woher sie ja auch gekommen waren.

Ausdruck des Patriotismus meines Vaters war auch, daß er sich nie als Deutscher oder Tscheche fühlte bzw. bezeichnete, sofern ihn jemand danach fragte, sondern immer als „Böhme". Für ihn gab es nicht den Begriff „Sudetendeutscher", sondern immer nur die Bezeichnung tschechisch- oder deutschsprechender „Böhme" für die Bevölkerung des Landes, was eigentlich viel richtiger ist. „Sudetendeutsche" ist nämlich ein 1902 geprägter Name für die Deutschen in den Sudetenländern, welche sich entlang eines Gebirgszuges vom nördlichen Böhmen über Mähren bis Schlesien erstrecken. Es ist demnach falsch, deutschsprechende Böhmen südlich dieses Gebirgszuges, etwa in Südböhmen, als „Sudetendeutsche" zu bezeichnen. Aber leider hat sich dieser Irrtum, wie so viele andere in der böhmischen Geschichte, eingebürgert.

Als weiterer Beweis für den Patriotismus meines Vaters mag folgende Textstelle aus einem von ihm im Jahre 1927 eigenhändig verfaßten und in meinem Besitz befindlichen Testament gelten, wenn es darin unter anderem heißt: „...Alle meine Kinder ... dürfen nie vergessen, daß sie Kinder dieses Landes Böhmen sind. Sie sollen sich nie schämen, Böhmen zu sein, und dies müssen sie sich vor Augen halten, wenn auch das Land von Parteiungen zerrissen ist ... Ganz besonders Karl-Eugen (= den Erben, Anm.) ... ermahne ich eindringlichst ... sich als eins mit Böhmen zu fühlen." Diese Geisteshaltung unterschied meinen Vater grundsätzlich von jener der sudetendeutschen Adeligen ebenso wie von jener der sogenannten tschechischen Adeligen, bei denen der Nationalismus über dem Patriotismus stand.

Doch zurück zum Alltag in Petersburg: Am Nachmittag, in der unterrichtsfreien Zeit, gingen wir entweder mit den Eltern oder einem der drei Hauslehrer spazieren. Danach wurden die Aufgaben gemacht, die mich ebenso langweilten wie der Unterricht. Die übrige Freizeit, die immer noch reichlich vorhanden war, verbrachte ich mit meinen Freunden aus dem Dorf. Sie nannten mich „Tschock“ oder frotzelnd „Grafentschock“. Mit ihnen unterhielt ich mich in perfektem Petersburger Dialekt. Wir spielten Fußball oder gingen in den Felsen auf einer mit knorrigen, alten Eichen bewachsenen Anhöhe am Ende des Parks klettern, machten Lagerfeuer mit Kartoffel-Braten in Höhlen, von denen es viele, kleine und große, gab. Sonntags veranstalteten wir ausgedehnte Geländespiele im weitläufigen Park.

Viel Zeit verbrachte ich auch im Meierhof, wo viele Kühe, Schweine, Zugpferde und auch ein paar Stiere standen. Eines Tages beobachtete ich, wie eine Kuh in einem aus Pfosten hergestellten, zirka einen Meter hohen Dreieck angebunden wurde, mit dem Kopf Richtung Spitze und dem Hinterteil Richtung Öffnung des Dreiecks. Von zwei Männern wurde ein Stier zu ihr geführt. Er wurde, eher widerwillig, dazu gebracht, seine beiden Vorderbeine auf die Pfosten zu stützen, so daß er hinter der Kuh in halb aufgerichteter Haltung zu stehen kam. Die weitere Prozedur konnte ich leider nicht mehr mitverfolgen, weil ich nach Hause mußte. Beim Abendessen, noch dazu mit Gästen, was bei uns häufig der Fall war, erzählte ich ganz aufgeregt diese Geschichte und fragte meinen Vater nach Sinn und Grund dieser sonderbaren Prozedur, worauf er mich sichtlich entnervt anfuhr: „Ja, ja, es ist schon gut.“ Ich aber insistierte weiter. „So hör doch endlich auf damit!“ zischte er mich an. Nach dem Abendessen fragte ich einen Diener, mit dem ich auf besonders gutem Fuß war, nach den Hintergründen dieser Geschichte, die er mir lachend bis ins Detail erklärte. Eine Art erster „Aufklärung“ also.

Ebenfalls bei einem Essen mit Gästen gab es Mittags zum Nachtisch Schaumrollen, gefüllt mit Schlagobers, das sind eine Art Röhren aus Blätterteig mit Füllung. Wir Kinder durften sie in den Mund nehmen und fest blasen, bis das Schlagobers auf den Teller klatschte, was mein Vater ausnahmsweise tolerierte. Diesmal jedoch nahm ich die Schaumrolle in den Mund, und anstatt das Schlagobers durch starkes Blasen auf meinen Teller zu befördern, zielte ich auf die mir gegenübersitzende französische Mademoiselle Mathieu. Mit voller Wucht klatschte es in ihr Gesicht und auf das hauteng um ihren Hals gelegte, schwarze Samtband. Ein Volltreffer! Sie war entsetzt. Mein Vater machte mir einen Krach, und ich mußte das Speisezimmer sofort verlassen. Meine Mutter konnte das Grinsen kaum verbergen, und mir machte es einen Riesenspaß.

Unsere Erziehung

Wir wurden nicht gerade spartanisch erzogen, aber auch nicht verwöhnt. Das zeigte sich unter anderem darin, daß ich während der Sudetenkrise und der durch sie heraufbeschworenen Kriegsgefahr aus Prag, wo ich ins deutsche Gymnasium ging, nach Petersburg zurückkam, um das nächstgelegene Gymnasium in Saaz zu besuchen. Um diese Stadt zu erreichen, mußte man zirka eine Stunde mit dem Bummelzug fahren, der in jedem Nest anhielt. Die Namen dieser Nester habe ich mir derart eingeprägt, daß ich sie bis heute noch weiß: Kaschitz, Tscheikowitz, Schaboglik, Libotschan und dann endlich Saaz. Um den Zug zu erreichen, mußte man ebenfalls zirka eine Stunde durch den Petersburger Park zum Bahnhof gehen. Das bedeutete also um halb sechs Uhr in der Früh aufstehen, das bereits am Abend zuvor in meinem Schlafzimmer bereitgestellte Frühstück (mit Thermosflasche und sonstigem) hinunterschlingen und, noch schlaftrunken, losmarschieren. Obwohl wir zwei Chauffeure hatten, einen tschechischen und einen deutschen, und außer dem prachtvollen Hispano-Swisa noch ein paar andere Autos, kam es während dieses einen Jahres im Saazer Gymnasium niemals dazu, daß ich per Auto zum Bahnhof gebracht oder nachmittags von dort wieder abgeholt wurde.

Ich war von meiner frühesten Kindheit an überaus tier- und naturliebend und hatte eine Taubenzucht sowie einen Karnickelstall. Die Taubenzucht bestand aus englischen Kröpfern, eine besonders große, lang- und x-beinige, braunweiß oder schwarzweiß gefiederte Rasse. Sie war im Dachboden eines kleinen Gärtnerhauses untergebracht, wo einer unserer Gartengehilfen mit dem schönen Namen „Knedlik" (zu deutsch „Knödel") wohnte. Eine Besonderheit der reinrassigen englischen Kröpfer war es, als Imponiergehabe gegenüber den Weibchen ihren Kropf in derartiger Dimension aufzublasen, daß sie vom Dachfirst des kleinen Gärtnerhauses, wo die Tauben oft saßen, rücklings hinunterfielen und sich erst im Sturz wieder erfingen. Ich wurde schließlich Mitglied des Taubenzüchtervereins und fuhr in dieser Eigenschaft in die umliegenden Dörfer zu Tauben- und Kleintierausstellungen. Bei den Taubenausstellungen spielte der Kropf eines englischen Kröpfers eine entscheidende Rolle für dessen Bewertung durch die Jury. So mußte ich also den Schnabel der Taube in den Mund nehmen, was ich gerne tat, da ich ja meine Tiere sehr lieb hatte, und dann wie einen Luftballon aufblasen, so lange es eben ging. Nach der Dimension des aufgeblasenen Kropfes wurde das Ausstellungsstück bewertet. Einmal erhielt ich den ersten Preis mit Überreichung eines Diploms, das ich einrahmen ließ und in meinem Zimmer stolz an die Wand hängte.

Den Karnickelstall, in dem es mehrere Rassen gab, solche mit aufrechten und andere mit herunterhängenden Ohren, auch in verschiedenen Farben und Größen, mußte ich selbstverständlich selbst pflegen und regelmäßig ausmisten, worauf meine Eltern

Wert legten. Auch das mag darauf hinweisen, daß wir Kinder nicht verwöhnt wurden.

In der Zeit unserer mehrmonatigen jährlichen Abwesenheit, bedingt durch das regelmäßige Übersiedeln von einem Schloß ins andere, übernahm besagter Herr Knedlik meine Arbeit mit den Tauben und Karnickeln. Endgültig vorbei war das allerdings, als ich ab der zweiten Klasse Gymnasium in unser Haus nach Prag zog, um dort, nunmehr „öffentlich", zur Schule zu gehen. Das war nicht nur ein Abschied von meinem Zuhause, dem schönen Leben in Petersburg, meinen Eltern, den Freunden aus dem Dorf, sondern auch ein trauriger Abschied von meinen Tieren. Taubenzucht und Karnickelstall wurden aufgelassen. Nicht etwa durch Schlachtungen und anschließende Verwertung in der Küche, so etwas hätte ich niemals zugelassen. Nein, durch Schenkung an den Kleintierzüchterverein, wo ich meine Tiere in guter Hand wußte.

Meine Naturliebe wiederum äußerte sich darin, daß ich manchmal, anstatt ins Gymnasium nach Saaz zu fahren, die Schule schwänzte, um mich am Ende des Parks auf den angrenzenden sanften Anhöhen mit vielen Felsen, Höhlen und alten, knorrigen Eichen auf den Ast einer Eiche zu setzen und einfach nur zu schauen, das Treiben und Rufen der unzähligen Dohlen zu beobachten, die dort lebten. Wer für so etwas – wie überhaupt für das Leben in der Natur, die Tiere und Pflanzen und all das Wunderbare, was sie erfüllt – kein Verständnis hat, versäumt unendlich viel, eine ganze Dimension des Lebens, und ist daher viel ärmer als andere. Es bleiben ihm tiefe Empfindungen und große Freuden versagt, die das Leben enorm bereichern.

Als ich einmal nach dem Krieg in Petersburg war, ging ich zu den alten Eichen und den vielen Felsen. Es gab nicht eine Dohle mehr.

Wir wurden von den Tschechen vertrieben. Wer hat die Dohlen vertrieben?

DER BEQUEME KIRCHGANG

Unser sonntäglicher Kirchgang war deshalb so bequem, weil sich die Kirche in Petersburg bzw. die Kapellen in Neuhaus und Chudenitz in den Schlössern selbst befanden, in denen wir abwechselnd, einem fixen jährlichen Übersiedlungsrhythmus folgend, wohnten. In Petersburg war sie als einzige Kirche zugleich auch Ortskirche. Um sie zu erreichen, mußten wir bloß das Schloß durchqueren, vom rechten Seitentrakt, wo wir im ersten Stockwerk gartenseitig unsere Zimmer hatten, durch den Mitteltrakt drei Salons, die nur bei größeren Festivitäten verwendet wurden, in die Kirche. Dort angelangt, befand man sich nicht im großen Kirchenraum unten im Parterre, wo die Dorfbevölkerung saß, sondern oben auf gleichem Niveau wie Orgel und Chor, für den es einen separaten Aufgang über eine schmale Wendeltreppe gab. Dort oben saßen wir also mit unseren Hauslehrern, nicht jedoch mit den Eltern. Sie mußten noch einige Meter weitergehen, um in einem geräumigen, mit weichen Polstermöbeln ausgestatteten und im Winter beheizbaren „Glaskasten" mit aufklappbarem Fenster Platz zu nehmen. Es hieß, daß seinerzeit Onkel Franzi im Nachthemd und darübergezogenem Mantel während der Messe dort saß, des öfteren schlief und das aufklappbare Fenster schloß, wenn ihn die Predigt langweilte oder die Orgelmusik mit dem Gesang des Chores zu laut war.

In Neuhaus, wo wir den Winter verbrachten, gab es eine große Stadtkirche, eine Propstei. Im Schloß war die Kapelle im dritten Innenhof, dem sogenannten Arkadenhof, gelegen. Sie war sehr geräumig und hoch und hatte auch eine Orgel, auf der beim Sonntagsgottesdienst gespielt wurde. Um die Kapelle zu erreichen, mußte man bloß den Innenhof überqueren. Wir Kinder mit Hauslehrern saßen in den vordersten Bänken, dahinter Personal und

Schloß Neuhaus

ein paar Leute aus der Stadt. Die Eltern saßen auf der Patronatsbank, seitlich neben dem Hauptaltar, denn mein Vater war Patronatsherr, auch von anderen Kirchen. Eine Würde, die unter Umständen sehr viel Geld kostete. Von der Patronatsbank aus griff er manchmal in den Ablauf der sonntäglichen Messe ein, was meiner Mutter immer peinlich war und uns Kinder belustigte. Zum Beispiel, wenn der Priester am Hauptaltar mit der Fortsetzung der Liturgie warten mußte, weil der Organist nicht aufhörte, Orgel zu spielen. Dann blickte mein Vater erbost zur Orgel hinauf und wies durch fuchtelnde Handbewegungen und ein lautes „Pscht“ den Mann da oben an, endlich mit dem Orgelspielen aufzuhören, damit der Priester die Messe weiterlesen konnte. Ein anderes Beispiel: Sehr oft las der Stadtpropst die Messe in der Schloßkapelle. Er stotterte, und zwar so, daß er immer wieder im Text oder auch bei einzelnen Buchstaben des laut gelesenen Textes steckenblieb oder sie ein paarmal wiederholte, ohne darüber hinauszukommen. Dann sprang mein Vater hilfreich ein und lispelte ihm die Textstelle oder den betreffenden Buchstaben zu. Etwa so: „Dominus vo... vo... vob..." Mein Vater: „vobiscum". Immerhin so laut, daß man es in den Bänken zu unserer Belustigung hören konnte.

Für heutige Begriffe ungewöhnlich war auch die Weihwasserspende bzw. -bespritzung am Ende der Messe. Während sie meinen Eltern in der Patronatsbank in Form von Hinreichen und Berühren des feuchten Weihwasserwedels gereicht wurde, wurden alle übrigen Messebesucher, auch wir und unsere Hauslehrer, vom Mittelgang aus, den der Priester am Ende der Messe in beide Richtungen entlangging, jeweils zweimal bespritzt. Anschließend wurde der Propst immer zu einem üppigen Frühstück eingeladen.

Auch in Chudenitz, während der Sommerferien, war es nicht viel anders, allerdings mit dem Unterschied, daß die dortige, ebenerdig gelegene Hauskapelle klein und niedrig war, ohne Orgel, und von der Dorfbevölkerung niemand teilnahm, weil die Ortschaft, die eine eigene Kirche hatte, zu weit entfernt war.

Aus all dem ersieht man, daß unser sonntäglicher Kirchgang immer sehr bequem war. Welch enormer Unterschied zum Kirchgang vieler anderer Menschen! Vor allem wenn man bedenkt, daß viele am Land Lebende damals noch zum überwiegenden Teil sonntags zur Messe gingen und oft einen sehr langen Anmarschweg bis zur nächstgelegenen Kirche hatten – bei jedem Wetter, strömendem Regen, sengender Sonne, Eiseskälte, oft wohl mehr als eine Stunde hin und wieder zurück. Für sie bedeutete das ein zusätzliches persönliches Opfer zum Meßopfer, welches dadurch bestimmt aufgewertet wurde.

Der Pater und das Stubenmädchen

Mein Vater hatte einen Bruder, der Jesuit war und Pater Wolfgang hieß. Er riet meinem Vater, einen jungen Ordensbruder, den er wärmstens empfahl, in unser Haus aufzunehmen. So kam denn auch nach kurzer Zeit ein junger, sehr gut aussehender, lebhafter und äußerst sympathischer Jesuit zu uns, Pater Ildefons. Durch ihn wurde die Anzahl unserer Hauslehrer von drei auf vier erweitert, da er uns ab nun den Religionsunterricht erteilte. Bis dahin hatte dies der inzwischen alt gewordene Pfarrer gemacht, der im Schloß seine Wohnung hatte, da sich die Dorfkirche von Petersburg, wie erwähnt, ebenfalls im Schloß und nicht im Ort befand. Außer der Erteilung des Religionsunterrichts, der durch Pater Ildefons wesentlich interessanter und anregender wurde, gehörte es auch zu seinen Aufgaben, den Kirchenchor zu reorganisieren und die Dorfjugend zum regelmäßigen Kirchgang und zu guten Werken zu animieren. All das tat er mit großem Einsatz und auch Humor, zur vollen Zufriedenheit meines Vaters. Auch bereicherte er den Mittagstisch, an dem täglich die Hauslehrerschaft teilhatte und wo daher drei Sprachen gesprochen wurden, durch anregende Konversation. Jesuiten sind ja bekanntlich sehr gebildet und gescheit.

Eines der in Petersburg beschäftigten Stubenmädchen war eine ausgesprochene Dorfschönheit mit dem weniger schönen Namen Angela Peperl. Sie war die Tochter des Herrn Peperl, seines Zeichens Gemeindediener, der fallweise, ausgerüstet mit einer Glocke und bekleidet mit einer lilafarbenen Phantasieuniform, laut läutend durch den Ort zog, um die Dorfbewohner auf wichtige Verlautbarungen der Gemeinde aufmerksam zu machen. Wie auch die anderen Bediensteten, wohnte die schöne Angela in einem der Zimmer entlang eines langen Ganges; Zimmer ohne Verbindungstür – nur von außen erreichbar. Am gleichen Gang, nicht neben ihr, aber immerhin in der Nähe, wohnte auch Pater Ildefons. Es kam, wie es nicht kommen mußte, aber es kam dennoch so. Der Versuchung, personifiziert in der bildhübschen Angela Peperl, konnte der Pater nicht länger widerstehen und erlag ihr in einer schwachen Nacht. Er trat aus dem Orden aus, verließ Petersburg und heiratete sie.

Mein Vater, ein frommer Mann mit außerordentlich strengen moralischen Prinzipien, hielt trotzdem mit Pater Ildefons die Freundschaft durch regelmäßige Korrespondenz so lange aufrecht, bis sich dessen Spuren in den dunklen Wirrnissen des Krieges verloren. Was aus der schönen Angela wurde, weiß ich nicht.

Mein Vater zum ersten- und letztenmal am Meer

Infolge des jährlichen Übersiedlungsrituals machten unsere Eltern nie, wie andere Leute, eine große Reise; außer einmal, als wir im Sommer in einen Badeort in der Normandie fuhren, nach Paramee nächst St. Malo. Übrigens war ich das einzige Familienmitglied, das schwimmen konnte.

Mein Vater erschien am Strand, bekleidet mit einem blauweiß gestreiften Badeanzug, der ihm bis zu den Knien reichte. Der Rest seines entblößten Körpers war schneeweiß. Vater ähnelte eher einem entsprungenen Sträfling als einem Badegast; einem gräflichen noch dazu. Ins Wasser ging er nicht, da es ihm zu kalt war und er außerdem nicht schwimmen konnte. So saß er, eher gelangweilt, stundenlang in der Sonne. Zurückgekehrt ins Hotel, war er knallrot und hatte einen schweren Sonnenbrand. Meine Mutter legte ihm feuchte Tücher auf und pflegte ihn mit schmerzlindernden Salben. Am nächsten Tag hatte er keine Schmerzen mehr, bestieg wütend den Zug und fuhr heim nach Böhmen. Ans Meer ist er nie mehr wieder gekommen.

Sommerliches Familientreffen bei den Grosseltern im Schloss Rotenhof

In den Sommermonaten fand alljährlich bei den Großeltern Schwarzenberg ein Familientreffen auf Schloß Rotenhof in Südböhmen statt. Dieses war ein langgestreckter, einstöckiger klassizistischer Bau. Auf der Rückseite befand sich ein großer Hof mit Pferdestallungen, und nach vorne gab es einen prachtvollen Ausblick über zwei hintereinanderliegende Teiche hinweg mit jeweils fünfzehn bis zwanzig Meter hohen Wasserfontänen in einen weitläufigen, gepflegten Park. Zu diesem vierzehntägigen Familientreffen kamen unsere gesamten Onkel und Tanten per Auto angereist. Prinz Croy, Graf Revertera, Freiherr von Guttenberg und Onkel Adolf, der Bruder meiner Mutter, mein Taufpate, mit seiner Frau, einer Schwester der Großherzogin von Luxemburg. Letztere waren ein kinderloses Ehepaar, wobei Onkel Adolf ein uneheliches Kind hatte. Mitgenommen wurde jeweils ein Diener, obwohl es in Rotenhof viele gab; darunter auch ein Jude, Herr Moisisch. Wir nahmen keinen Diener mit, sondern die gute Kammerzofe „Fiffi", denn Mami mußte ja täglich frisiert werden. Bei den üppigen täglichen Abendessen erschienen alle Herren im Smoking und die Damen im langen Abendkleid mit Schmuck. Ein äußerst nobler Anblick, den man heute kaum mehr hat, außer vielleicht bei Galaabenden von Filmstars oder bei protzigen Hochzeiten in deutschen Fürstenhäusern. An der großen Tafel saßen täglich mindestens fünfundzwanzig bis dreißig Personen. Die Schwester der Großherzogin, Tante Hilda, war eine sehr attraktive Frau: immer braungebrannt, da sie die meiste Zeit auf einer Farm meines Onkels Adolf, ihres Mannes, der „Mpala Farm" in Kenia, verbrachte und dort als Hauptbeschäftigung Büffel schoß. An der Tischkonversation nahm sie nie teil. Sie mochte die schwarzenbergsche Verwandtschaft nicht besonders. So beschäftigte sie sich während der Mahlzeiten mit einem von ihr gekneteten Kreisel aus Brot. Sie ließ ihn spielerisch am Teller kreisen – zum großen Vergnügen von uns Kindern. Mein Großvater schaute manchmal mit strengem Blick hin. Aber er konnte ja nichts sagen, war sie doch die Schwester der Großherzogin von Luxemburg.

Mein Großvater war ein hochgewachsener, stattlicher Mann mit Vollbart und strengem Blick. Sehr wortkarg, ich habe ihn nie lachen gesehen. Mit uns Enkeln hat er kein Wort gesprochen. Er war ein völlig undurchsichtiger Mensch, bei dem man nie wußte, was in ihm vorgeht.

So vergingen diese jährlichen vierzehn Tage bei den Großeltern in Rotenhof. Wir Kinder unterhielten uns mit unseren fünf Cousins blendend. Die Onkel und Tanten spielten Tennis oder Krockett. Abends gingen die Onkel auf die Pirsch.

Das Hauspersonal

Ob männlich oder weiblich: mit dem gesamten Hauspersonal war ich auf du und du. Ich sprach sie mit dem Vornamen an, und sie nannten mich Rudi. Als ich fünfzehn oder sechzehn wurde, änderte sich das. Nicht von meiner Seite, ich blieb beim „Du“. Das Personal aber empfand das „Du“ mir gegenüber als nicht mehr ganz passend. Zu einem „Sie“ konnte es sich aber dennoch nicht entschließen, weil wir gegenseitig auf einem viel zu guten, teilweise sogar echt freundschaftlichen Fuß waren. So entschlossen sie sich zum „Er“ mir gegenüber. „Graf Rudi, hat er ...?“ oder „Will er ...?“ Eine Anrede übrigens, die wir Kinder auch meiner Mutter gegenüber anwendeten: „Mami, hat sie ...?“ (nicht: „... haben Sie ...?“). Auch unsere Schwester Therese wurde von uns Brüdern so angesprochen.

Innerhalb des Personals gab es eine Hierarchie. An ihrer Spitze standen der Kammerdiener meines Vaters und die Kammerzofe meiner Mutter, die „Fiffi“, mit Namen Sophie Krahl. Der richtige Name wurde aber nie und von niemandem jemals verwendet. Fiffi war eine äußerst liebenswürdige kleine, dicke Frau mit roten Wangen und einer rundlichen, sich manchmal lila färbenden Nase, was dann der Fall war, wenn sie etwas zuviel getrunken hatte. Sie war nämlich dem Alkohol sehr zugeneigt, was besonders während der Abwesenheit meiner Eltern der Fall war. Dann zog sie singend durch das Haus.

Fiffi oblag es, meine Mutter zu bedienen. Dazu gehörte unter anderem auch, sie täglich in der Früh zu frisieren. Das war gar nicht so einfach, denn meine Mutter hatte einen äußerst spärlichen Haarwuchs, außerdem sehr große Ohren, die im rechten Winkel von ihrem schmalen, schönen Gesicht wegstanden. Das zu kaschieren, war nicht leicht. Außerdem mußte Fiffi ihr die

Schuhe anziehen und mit einem Schuhknöpfler schließen, denn damals gab es außer Schnürschuhen auch solche zum Knöpfeln. Bei dieser morgendlichen Prozedur wurde getratscht und getratscht, über alles, was so passiert war: im Dorf, im Haus, in der Familie, etc. Fiffi war die Vertraute meiner Mutter.

Als wir am Freitag, dem 13. Mai 1945, Hals über Kopf aus Petersburg weg mußten, nachdem die Russen einmarschiert waren und sich im Schloß einquartiert hatten, verloren sich Fiffis Spuren. Als sie aber dann nach dem Krieg plötzlich bei uns in Wien auftauchte, fiel man einander gerührt um den Hals. Das Frisieren meiner Mutter konnte wiederaufgenommen werden. Das Schuhe-Zuknöpfeln nicht mehr, da solche Modelle inzwischen nicht mehr existierten. So mußte sich Fiffi entweder eines Schuhlöffels bedienen oder die Schuhe zuschnüren.

Der Kammerdiener meines Vaters hieß Otto Tannhäuser. Auch er hatte meinen Vater zu wecken, die Fensterläden zu öffnen, über das Wetter zu berichten und ihn dann zu fragen, welchen Anzug er an diesem Tag anzuziehen wünsche. Die Anzüge meines Vaters waren alle maßgeschneidert, auch die Unterhosen, und sehr elegant, ebenso die Schuhe vom besten Schuhmacher in Karlsbad. Anziehen konnte er sich selbst.

Meine Schwester wurde von einem Stubenmädchen bedient, aber ganz normal, nicht so wie meine Eltern. Mein Bruder und ich bekamen zur Bedienung – auch ganz normal – „Pipo" zugeteilt, mit Namen Josef Perowitsch, einen Tschechen. Er war schon mit fünfzehn Jahren zu Onkel Franzi nach Petersburg gekommen und als Diener ausgebildet worden. Pipo war von winzigkleinem Wuchs und fröhlichem Gemüt. Er wurde ein echter Freund von mir – eine Freundschaft, die bis heute besteht. Er lebt jetzt in einem eigenen kleinen Häuschen in einer Ortschaft bei Chudenitz, ist schon über achtzig und züchtet Bienen, die reichlich Honig produzieren. Vor ein paar Jahren lud ich ihn zu uns nach Schleinz ein, wo er einige Tage als unser Gast verbrachte. Nun wurde nicht ich von ihm, sondern er von uns, meiner Frau und mir, bedient. Eine kleine Dankesschuld, die ihm enorme Freude machte.

Sommerferien in Chudenitz

Die zwei Monate Sommerferien – Juli, August – verbrachten wir, wie erwähnt, jedes Jahr in Chudenitz. Dieses Schloß war ein langgestreckter, einstöckiger klassizistischer Bau mit davor liegendem Park und altem Baumbestand, besonders Eichen und Douglasien, und einem wunderschönen Fernblick auf die sanften, bewaldeten Höhen des Böhmerwaldes; der größte geschlossene Waldkomplex in Europa. Hier gab es endlich zwei Monate Ruhe vor dem lästigen Lernen, der Angst vor Schularbeiten und dem frühen Aufstehen. Eine begrenzte Freude allerdings, da ja zwei Monate später das Ganze wieder von vorne begann.

In Chudenitz spielte Tennis eine große Rolle. Jedes Jahr kam ein tschechischer Tennistrainer nach Chudenitz, Herr Pallas, ein außerordentlich netter und sehr humorvoller Mann, den alle, auch das Hauspersonal, gerne mochten. Vormittags spielten wir Kinder und auch mein Vater täglich Tennis mit Herrn Pallas. Nachmittags fanden Singles und Doubles statt, oft mit Gästen aus der Nachbarschaft, was immer sehr lustig war. Unter den Gästen waren natürlich auch Heiratskandidaten für Therese, nach denen mein Vater stets Ausschau hielt. Um fünf Uhr nachmittags wurde in einem runden, hölzernen Pavillon am Rande des Platzes immer eisgekühlte Mandelmilch serviert. Ein köstliches Ge-

Schloß Chudenitz

tränk, das es scheinbar nirgends außer bei uns gab, da es niemand kannte.

Damals kam die Mode auf, daß die Damen und jungen Mädchen in kurzen weißen Röcken Tennis spielten, so auch meine Schwester. Dabei war es unvermeidlich, daß man beim Bücken die naturgetreuen Konturen ihres Popos im weißen Unterhöschen sah. Ebenso zeichnete sich der Busen in dem hauteng anliegenden weißen Leibchen ab. Mein Vater, der ein überaus sittenstrenger und prüder Mann war, fand das unanständig. Meiner Mutter war es egal. Mir gefiel es gut. Die Herren dagegen spielten immer in weißen oder hellgrauen, glattgebügelten langen Hosen, so auch Herr Pallas.

Außer Tennis als Hauptbeschäftigung arrangierte meine Mutter des öfteren Picknicks im Wald, oder man fuhr zu einem nahe gelegenen Teich baden. Die Herren bzw. männlichen Gäste gingen häufig auf die Jagd.

So vergingen leider im Nu die zwei herrlichen Monate in Chudenitz.

Der Nazi-Koch

Unser Koch hieß Otto Stangl. Er kochte ausgezeichnet und war sehr dick. Jeden Abend nach dem Abendessen, wenn wir mit den Eltern im Salon saßen und meistens Gesellschaftsspiele spielten, Rummy, Mikado, Mensch-ärgere-dich-nicht oder ähnliches, kam Herr Stangl in den Salon, um mit meiner Mutter den Speisezettel für den nächsten Tag zu besprechen. Am Abend des Tages, ab dem das Sudetenland nicht mehr zur Tschechoslowakei, sondern zum Dritten Reich gehörte, kam, wie gewohnt, Herr Stangl gegen halb neun Uhr abends in den Salon, diesmal nicht „Guten Abend“ sagend, sondern „Heil Hitler“, mit stramm ausgestrecktem Arm. Ich weiß bis heute nicht, ob er das tat, weil er ein Mords-Nazi war oder weil er annahm, mein Vater sei ein solcher. Jedenfalls mußte er augenblicklich merken, daß letzteres nicht stimmte, denn mein Vater antwortete: „Stangl, das können Sie in Zukunft bleiben lassen!“. Was jener auch tat und allabendlich wieder „Guten Abend“ sagte.

Herr Stangl muß ein sehr einsamer Mensch gewesen sein, denn während der Ferienmonate, die wir in Chudenitz verbrachten, erhielt er stets einen längeren Urlaub, da wir dort ein Dienerehepaar hatten, wo die Frau ausgezeichnet kochte. Aus diesen Urlauben schrieb er sich selbst Postkarten mit Urlaubsberichten und Eindrücken: „Lieber Otto ... Dein Otto“.

Warum aus mir nie ein Jäger wurde

Daß aus mir nie ein Jäger wurde, hat vor allem zwei Gründe. Der erste ist meine große Tierliebe, obzwar ich als Bub, nachdem ich mein erstes Luftgewehr zu Weihnachten geschenkt bekommen hatte, Spatzen, Mäuse und im Schloßteich von Petersburg sogar Frösche schoß. Doch diese Freude verging mir bald. Später, als ich erwachsen war, konnte ich mir überhaupt nicht vorstellen, ein Reh, einen Hirsch, einen Hasen, einen Auerhahn oder sonst ein jagdbares Tier zu erschießen. Und so ist es noch heute. Ich brächte es einfach nicht übers Herz.

Dabei sehe ich aber vollkommen ein, daß es die Jagd geben muß, und zwar aus dem überzeugenden Grund der Hege und Pflege. Dies bedeutet Liebe sowohl zu den Tieren als auch zur Natur. Das weiß jeder Förster am besten. Zur Pflege des ihm anvertrauten Stückes Natur – seines Reviers – gehört unter anderem die Erhaltung eines der Größe seines Reviers angepaßten Wildbestandes. Dazu ist der Abschuß von zu viel Wild notwendig, um nachhaltigen Schaden der Natur, z.B. des Waldes durch Verbiß, zu verhindern. Auch der Abschuß von krankem oder schwachem Wild dient der Erhaltung eines gesunden Wildbestandes, ebenso das Füttern im Winter. All das steht im Zeichen von Hege und Pflege und nicht von Schießen. Daher verstehe ich jeden Jäger, der aus diesen Gründen jagt, völlig. Wenn dem nicht so wäre, hätte ich ja gar kein Verständnis für meine gesamte Verwandtschaft, inklusive meines Sohnes, sowie für fast alle Freunde, die Jäger sind. Nicht das geringste Verständnis habe ich aber für die „Schießer“: Leute, die das ganze Jahr über schießen. Wenn es bei uns nichts zu schießen gibt, wegen der Schonzeit etwa, so fahren sie nach Argentinien auf Hirsche, nach Rußland auf Bären, nach Spanien auf Tauben oder gar nach Afrika, um dort einen Elefanten oder Leoparden, dieses vom Aussterben bedrohte Prachttier, zu töten. Und dabei fühlen sie sich auch noch als Helden. Wenn schon überhaupt ein Held, dann ist es der „White Hunter“ und nicht sie. Ich kenne einige solcher Leute, darunter sind nahe Verwandte und auch gute Freunde. Trotz meines Unverständnisses für ihren so ausgeprägten, in ihrem Leben eine so dominante Rolle spielenden Jagdtrieb leidet die Freundschaft darunter keineswegs.

Der zweite und ausschlaggebende Grund, warum aus mir kein Jäger wurde, sind Jagderlebnisse, die ich als Bub hatte. Dazu gehört beispielsweise die Jagd auf den Auerhahn, diesen urigen Prachtvogel. Ich begleitete manchmal meinen Vater auf diese Jagd. Hierfür muß man noch mitten in der Nacht aufstehen, ins Revier fahren, in der ersten Dämmerung leise durch den Wald gehen und die Ohren spitzen, um das Balzen eines Auerhahns zu hören. Hat man es vernommen, muß man regungslos stehenbleiben. Weitergehen – man nennt es „anspringen“ – kann man nur, und das ganz leise, während der Auerhahn wieder balzt, was nie länger als ein paar Sekunden dauert. Dann wieder regungslos stehenbleiben und weiter abwarten, denn der Auerhahn ist ein äußerst scheues und lärmempfindliches Tier. Man kann sich ihm nur nähern, wenn er balzt – sein Liebesgesang und Lockruf an die Henne. In diesen verliebten Augenblicken hört er nicht den nahenden Jäger. Dieses vorsichtige, lautlose Anpirschen kann längere Zeit in Anspruch nehmen, so lange, bis man fast unter dem Baum steht, auf dem das Tier „aufgebaumt“ ist. Der Anblick dieses großen, wuchtigen schwarzen Vogels auf einem Ast des Baumes gegen den Hintergrund eines sich in der Morgendämmerung von Lila bis Rosa färbenden Himmels ist wahrhaftig imposant und wunderschön. Doch dann der Schuß, der erbarmungslos in dieses Bild einschlägt. Dann das zu Boden fallende Tier. Dies waren die ersten, für mich bestimmenden Eindrücke, warum ich kein Jäger wurde.

Viel entscheidender allerdings waren die Erlebnisse, die ich als Bub während der großen Niederwildjagden bei meinen Großeltern Schwarzenberg in Frauenberg (Hluboka) hatte. Die Strecke betrug immer um die zweieinhalbtausend Stück, Fasane und vor allem Karnickel. Dort gab es einen Trieb, der durch einen niedrigen, dichten Fichtenbestand führte, durchzogen von schmalen Pfaden für die einzelnen Schützen. Eine lange Treiberkette ging auf gleicher Höhe mit den Schützen, an die Fichtenstämme klopfend und sonstigen Lärm (durch „kleppejte, kleppejte") erzeugend, woraufhin eine Unzahl von Kaninchen auf den Pfaden hin und her raste. Die Schützen, von denen jeder zwei Gewehre und einen hinter sich gehenden Lader hatte, schossen ununterbrochen auf die flüchtenden Tiere. Ich begleitete immer entweder meinen Vater oder einen meiner Onkel, wobei mich schon allein diese wilde Schießerei beeindruckte. Aber es sollte noch viel schlimmer kommen. Am Ende des ersten Triebes, bei dem ich dabei war, war ein zirka zwei Meter hohes, engmaschiges Netz gespannt, so daß kein einziges flüchtendes Kaninchen entwischen konnte. Dadurch bildete sich im Netz ein riesiger, aus Karnickeln bestehender, wuselnder Knäuel. Die Schützen blieben etwa fünfzehn bis zwanzig Meter davor stehen und schossen ununterbrochen so lange in diesen Knäuel, bis kein Tier mehr lebte. Dieses Gemetzel werde ich nie vergessen. Das hatte nichts mehr mit dem sogenannten „edlen Weidwerk" zu tun, sondern vielmehr mit einem Schlachthaus. Es war der Hauptgrund, weshalb ich nie zum Jäger wurde.

Überhaupt ist es mir unverständlich, wie man Freude am Töten haben kann. Ich halte es auch für unverantwortlich, wenn Väter ihren Kindern schon in ganz jungen Jahren, etwa mit sechs oder sieben, die Jagdleidenschaft angewöhnen, indem sie diese auf die Pirsch mitnehmen und ihnen dann womöglich noch erlauben, auf alles zu schießen; etwa auf Nußhäher, Frösche, Fische, Eichkätzchen etc. Die Kinder verlieren dadurch die Achtung vor dem Leben, diesem großen Mysterium, das uns allen, Menschen, Tieren und Pflanzen, gemeinsam ist.

Leben und Schulzeit in Prag

In Prag, wohl eine der schönsten Städte der Welt, erstmalig erwähnt im 8. Jahrhundert, gibt es das berühmte Palais Czernin auf dem das Stadtbild dominierenden Hradschin, der Prager Burg. Erbaut im italienischen Barockstil mit gigantischen Dimensionen durch Humprecht Johann Czernin in den Jahren 1669 bis 1682, wurde es 1851 verkauft, wohl wegen der enormen Kostenbelastung, die selbst einem steinreichen Czernin langsam unheimlich werden mußte. Das Palais war also rund 170 Jahre im Besitz der Familie gewesen. Letzter Besitzer war Johann Rudolf Graf Czernin (1757–1845), ein Mann mit profunden Kenntnissen und großer Vorliebe für Kunst und Wissenschaft sowie alles, was damit zusammenhängt; überdies Begründer der Czerninschen Bildergalerie. Aufgrund dieser Begabungen und Fähigkeiten fielen ihm im Staat höchste Stellen zu, die mit der Pflege kultureller Interessen im Zusammenhang standen. Als Obersthofkämmerer stand er den kaiserlichen Sammlungen ebenso vor wie dem Hoftheater. 1823 übernahm er das Präsidium der Akademie der bildenden Künste. Im Prager Czernin-Palais hat er ein großes Haus geführt, vor allem anläßlich der Krönung Leopolds II. Unter anderen Festivitäten gab er dort ein Souper für 800 Gäste, bei dem ein Chor und ein Orchester, bestehend aus insgesamt 150 Künstlern, Musikstücke darboten.

Zum Glück war zu unserer Zeit dieses bombastische Palais nicht mehr in unserem Besitz. Wenn wir in Prag waren, wohnten wir „bescheiden" und bestimmt viel gemütlicher. 1936 kaufte mein Vater ein Haus in der Stadt, erbaut im 17. Jahrhundert; ein wahres Juwel auf der Prager Kleinseite, dem schönsten Stadtteil zu Füßen des Hradschins. Hier auf der Kleinseite drängen sich neben prachtvollen Plätzen, umgeben von noblen alten Patrizierhäusern und durchzogen von kleinen, engen, hinauf zum Hradschin führenden Gassen, die prunkvollen Palais des böhmischen Adels, wie Waldstein, Schönborn, Lobkowitz, Sternberg, Thun, etc.; manche mit prachtvollen, großen Gärten, wie bei den Waldstein oder Fürstenberg. Allein im Palais Waldstein war der Gar-

Wir drei Kinder als Statisten in einem Mozart-Film im Garten unseres Prager Hauses

ten acht Hektar groß, also eigentlich kein Garten mehr, sondern ein Park. In diesem prachtvollen Palais lebte eine Gräfin Waldstein, die 104 Jahre alt wurde. Als nach der Besetzung der Resttschechei deutsche Truppen in Prag einmarschierten, stand sie am Fenster ihres Palais, schüttelte den Kopf und meinte: „Das letzte Mal sind die Preußen aber von der anderen Seite gekommen.“ 1866 nämlich, nach der verlorenen Schlacht von Königgrätz. Zu ihrem 104. Geburtstag erhielt sie von der damaligen kommunistischen Stadtverwaltung einen großen Blumenstrauß überreicht und – obwohl Sudetendeutsche – die Ehrenbürgerschaft der Stadt Prag verliehen. Hinüber in die Altstadt, auf die andere Seite der Moldau, führt die in ihrer leicht gebogenen Bauweise wohl einmalige Karlsbrücke; erbaut von 1357 bis 1378, 500 Meter lang, 10 Meter breit, mit 16 Bögen, gotischen Brückentürmen und 30 barocken Standbildern, darunter jenes des heiligen Nepomuk, der von hier in die Moldau gestürzt wurde.

In diesem Stadtteil stand unser Haus. Kein Palais im eigentlichen Sinn, hatte es aber dennoch Palais-Charakter im Kleinformat. Es bildete den Abschluß einer kleinen, kurzen Sackgasse und bestand, von außen gesehen, lediglich aus einer mit hölzernem Einfahrtstor und Giebel versehenen Fassade. Über dem Einfahrtstor waren drei rote Rosen aus Stein gemeißelt. Es hieß daher auch „Haus zu den drei Rosen“. Ging man durch das Tor, kam man in einen Innenhof, der zu drei Seiten von einem einstöckigen Haus umrahmt war. Auf der vierten Seite öffnete er sich in einen nicht sehr großen, dafür um so reizvolleren Garten auf zwei Niveaus, durch eine steinerne Stiege verbunden. Vom Garten aus hatte man zur einen Seite den prachtvollen Blick auf den Hradschin, zur anderen auf den sanft ansteigenden grünen Hang des Petrins (Laurenziberg). Dieses Juwel hatte etwas Verträumtes an sich.

Hier wohnte ich mit meinem „Aufseher“, dem Grafen Otto Manzano, einem ganz besonders lieben, hochgebildeten Mann.

Versorgt wurden wir von einem im Haus lebenden Ehepaar, Herrn und Frau Holub. Von dort aus ging ich täglich ins Prager deutsche Gymnasium. Das Lernen fiel mir nach wie vor unendlich schwer, und außerdem langweilten mich die meisten Fächer. Jeder Gymnasialprofessor bildet sich ja ein, daß gerade sein Fach das allerwichtigste ist, und mag es Turnen oder Zeichnen sein. Die Hausaufgaben, die mir meistens den Nachmittag verpatzten, weil ich so lange dazu brauchte, hätte ich ohne Hilfe von Otto Manzano nie geschafft.

In meiner Schulklasse waren sechs jüdische Mitschüler. Einer davon, mit Namen Spitz, war ein besonderer Freund von mir. Er kam öfters in unser Haus zu Besuch. Auffallend bei den jüdischen Mitschülern war, daß sie alle besonders intelligent waren, im Unterricht leicht mitkamen und einer von ihnen immer zum Jahresabschluß den Klassenprimus stellte. Ich dagegen hatte stets einen Nachzipf (Nachprüfung), der mir die Sommerferien in Chudenitz vermasselte, da die halbe Ferienzeit ein langweiliger Nachhilfelehrer dasaß und mit mir Latein oder Mathematik büffelte – zwei Fächer, die ich haßte. Am meisten interessierten mich Turnen, Naturgeschichte und Geographie.

Es ist kein Wunder, daß diese jüdischen Mitschüler ob ihrer überragenden Intelligenz dann im späteren Leben Spitzenjobs erreichten, als Bankiers, Ärzte, Anwälte und ebenso in den verschiedensten Wissenschaften. Daher bestand in Prag ein überwiegender Teil dieser Berufsgruppen aus Juden, ebenso in Wien oder Berlin. Wenn ein Volk über zweitausend Jahre verfolgt wird, muß es so werden, um sich in einer ihm zumeist feindlich gesinnten Welt zu behaupten und so zu überleben.

Über das Leben und die Atmosphäre in Prag, die ich als Gymnasiast täglich erlebte und empfand, möchte ich kein Urteil abgeben, da es wahrscheinlich nicht objektiv wäre. Daher lasse ich

Ferdinand Otto Miksche, Berufsoffizier der tschechoslowakischen Armee, der im Frankreichfeldzug als französischer Offizier gegen die Deutschen gekämpft hat, dann in England zu den Streitkräften General de Gaulles gestoßen, anschließend als Planungsoffizier im persönlichen Stab de Gaulles an der Vorbereitung der Normandielandung durch die Amerikaner beteiligt und überdies ein glühender tschechischer Patriot war, aus seinem 1990 auch auf deutsch erschienenen Buch „Das Ende der Gegenwart“ zu Wort kommen:

„Übrigens haben die Tschechen trotz des Verlustes ihrer Selbständigkeit 1939 während des Zweiten Weltkrieges besser gelebt als später unter der Herrschaft der Kommunisten. Ihr Land wurde von Bombenangriffen verschont. Sie mußten keinen Militärdienst leisten. Ihre Industrien, von den Deutschen weiter ausgebaut, arbeiteten auf Hochtouren für Hitlers Kriegsmaschine. Im Bereich wirtschaftlicher Zusammenarbeit mit dem Dritten Reich lagen die Tschechen an zweiter Stelle hinter den Belgiern. Nie seither kassierten tschechische Arbeiter so hohe Löhne wie in Hitlers Protektorat, während sich die Bauern am Schwarzmarkt bereicherten. Die Verpflegungslage war besser als im Reich und die Zahl der politisch Verfolgten im allgemeinen nicht größer als in Deutschland selbst ...“

Das sollten die Tschechen bedenken. Denn wäre ihr Land Kriegsschauplatz geworden, wären nicht nur Abertausende junger Tschechen ums Leben gekommen, es wäre auch ihr wunderschönes Land verwüstet worden, die Städte wären bombardiert und unersetzliche, einmalige Kunstwerke zerstört worden.

Und wie erging es dem tschechischen Adel auf seinen zum Teil enormen Gütern und prachtvollen Schlössern? Er wurde von den deutschen Okkupanten nicht enteignet. Das geschah erst 1948 durch die Kommunisten. Von den Deutschen erhielt er Zwangsverwalter. Dazu möchte ich nun kurz zwei typische Beispiele anführen:

Beispiel 1: Einer meiner besten Freunde war Norbert Kinsky, dessen Vater einen großen Besitz und ein sehr schönes Schloß besaß – Chlumetz. Als Bub mit vierzehn, fünfzehn Jahren fuhr ich öfters übers Wochenende von Prag mit dem Zug nach Chlumetz. Dort angelangt, wurde ich von Norberts Vater, der ein im ganzen Land bekanntes und berühmtes Falbengestüt hatte, mit einem Vierergespann dieser Pferde abgeholt und in das Schloß gebracht. Damals hatten alle tschechischen Großgrundbesitzer, wie schon gesagt, einen deutschen Zwangsverwalter. Von Zwang war aber gar keine Rede. Diese Zwangsverwalter waren entweder erfahrene Landwirte oder Forstwirte. Sie lebten im Schloß, und soweit ich es weiß, stand der Schloßherr mit ihnen auf gutem Fuß, und man arbeitete gut zusammen. Zum Abendessen, bei dem es meist auch Gäste gab, Sudetendeutsche ebenso wie Tschechen, waren immer alle elegant gekleidet; der Hausherr in einem roten Smoking. Diener servierten ein üppiges Mahl, vom Herrschaftskoch zubereitet. Alles wie im tiefsten Frieden, dabei war Krieg. Der Hausherr, Jäger wie alle Aristokraten, buhlte um die Gunst des damaligen Reichsprotektors, Herrn von Neurath, eines Gentleman durch und durch. Er lud ihn zu den Herbstjagden als Jagdgast auf sein Schloß nach Chlumetz ein. Die „armen" tschechischen Aristokraten!

Beispiel 2: Auf Schloß Orlik, ebenfalls mit riesigem Landbesitz (über zehntausend Hektar), lebte Carl Fürst Schwarzenberg. Er gehörte zur sogenannten „tschechischen" Linie der Schwarzenbergs, während meine Mutter zur sogenannten „deutschen", der Krumauer Linie, zählte. Angesichts der Tatsache, daß die Schwarzenbergs erst im 18. Jahrhundert als urdeutsches Adelsgeschlecht aus Deutschland nach Böhmen kamen, ist es geradezu lächerlich, wenn sich eine Linie, die Orliker, als tschechischer Adel bezeichnet. Noch unangenehmer ist es, wenn der Sohn des inzwischen verstorbenen Fürsten Carl, Cari Schwarzenberg, der bekanntlich Kanzler und enger Berater seines Duzfreundes Václav Havel war, ebenso wie alle anderen tschechischen Aristokraten die Vertreibung der Sudetendeutschen für gerechtfertigt hält, allerdings mit sehr schwachem Bedauern, daß es dabei zu „Unregelmäßigkeiten" kam. Für solche Leute empfinde ich nur Verachtung.

Auch in Orlik gab es einen Zwangsverwalter. Mitten im Krieg, im Jahre 1943, fanden hier wie jedes Jahr die großen Niederwildjagden statt. Es kamen viele Jagdgäste, wie in Chlumetz Sudetendeutsche und Tschechen. Eine gute Freundin von meiner Frau und mir, Ida, damals Gräfin Seillern, heute Windisch-Grätz, eine Sudetendeutsche, war auch geladen. Am Abend nach der Jagd fand, wie sie uns erzählte, im großen Speisesaal des Schlosses ein Abendessen statt. Diener servierten. Man saß an einer Tafel, gedeckt mit prachtvollem Silbergeschirr und geschmückt mit Blumen. Mitten im Krieg – aber wie im Schlaraffenland.

Der Neufundländer und der Jude

Aufgrund meiner großen Tierliebe, die ich in meiner Prager Schulzeit nicht verwirklichen hatte können, äußerte ich eines Tages gegenüber meinen Eltern den großen Wunsch, einen Hund geschenkt zu bekommen – und zwar nicht irgendeinen kleinen, süßen Dackel oder „Rehrattler". Nein, einen ganz besonders großen, nämlich einen Neufundländer. Zu meiner allergrößten Freude erfüllten mir die Eltern diesen Wunsch. Und so kam eines Tages ein noch kleiner, kohlrabenschwarzer Neufundländer zu uns ins Prager Haus. Er wuchs heran, und bald stellte sich heraus, daß er einen sehr starken Bewegungsdrang hatte. Dafür war unser Garten viel zu klein. Wir gaben daher ein Inserat in der Prager deutschen Zeitung auf, daß wir einen Hundeabrichter suchten.

Kurz darauf kam ein dunkel gekleideter, gutaussehender Jude in unser Haus, an dessen schwarzem Mantel der große, von weitem sichtbare gelbe Judenstern angeheftet war. Wir, das heißt mein Aufseher, Graf Manzano, und ich, luden ihn zum Tee ein, um alles Nähere zu besprechen. Am nächsten Tag fing die Dressur an. Meistens begleitete ich unseren netten Juden, um selbst die notwendigen Kommandos und Zeichen zu lernen, da ich sie benötigen würde. Wenn wir so mit dem Hund durch die Prager Kleinseite gingen, begegneten wir natürlich vielen Menschen, die keinerlei Notiz nahmen, auch vielen deutschen Soldaten und SS-Männern. Nie wurden wir angesprochen, noch wurde beanstandet, daß ich hier mit einem Juden herumgehe, an dessen Brust der gelbe Judenstern prange. Nach Beendigung der Dressur verloren sich die Spuren unseres freundlichen Juden.

Das Übersiedlungsritual

Trotz unseres Nomadendaseins als Folge der dreimaligen jährlichen Übersiedlung – Petersburg, Neuhaus, Chudenitz – fühlten wir uns überall zu Hause. Neuhaus ist eine der bedeutendsten und schönsten Burgen Böhmens, mitten in einer Kleinstadt mit prachtvollem Marktplatz, das Stadtbild dominierend. Erbaut wurde sie in der ersten Hälfte des 13. Jahrhunderts, und bis in die Renaissance wurde dazugebaut, vergrößert und damit verschönert. Die Burg hat drei Innenhöfe. Im ersten waren die Forstkanzlei sowie Wohnungen von Angestellten untergebracht, im zweiten das Familienarchiv. Dieses ist bis heute unversehrt erhalten und wird von zwei Damen vorbildlich geführt. Im dritten Hof, wohl dem prächtigsten, befindet sich zur einen Seite, die ganze Länge der Front beherrschend, ein dreistöckiger Renaissancetrakt, wie man ihn in Florenz kaum schöner finden kann. Im rechten Winkel dazu, ebenfalls dreistöckig, sind Arkaden. Gegenüber ein damals unbewohnter, in gleicher Höhe erbauter, mit Efeu bewachsener Trakt, in dem der sogenannte Rittersaal liegt; anschließend noch einmal dreistöckige Arkaden und dann, dieses Karree schließend, ein gleich hoher Trakt, in dessen oberem Teil sich mehrere kleine, mit gotischen Fresken ausgemalte Räume befinden und darunter ebenerdig die Schloßkapelle. Im Renaissancetrakt wohnten unsere Eltern. Die zahlreichen übrigen Räume dieses Traktes waren zum Teil kleiner, unbewohnt und ebenfalls mit Fresken versehen. Zum anderen Teil gab es große Räume, die nur zu besonderen festlichen Anlässen verwendet wurden, wie zum Beispiel bei großen Niederwildjagden. Wir wohnten im Trakt des zweiten Hofes mit einem schönen Ausblick auf den zirka achtzig Hektar großen Teich, den Weigar, welcher alle zwei Jahre ausgelassen und abgefischt wurde, was immer eine Art Volksfest war.

Die jährlichen Niederwildjagden spielten in Neuhaus eine große Rolle. Die Strecke bei der Hauptjagd betrug zwischen zwei- und zweieinhalbtausend Stück, vor allem Fasane und Hasen. Als Jäger wurden immer viele Gäste eingeladen, Onkel mit ihren Frauen und Freunde meiner Eltern. Die Jagden dauerten drei Tage. Die Abendessen an diesen Jagdtagen fanden im sogenannten Slavatasaal statt, einem sehr großen Raum mit langem Speisezimmertisch, gedeckt mit Silbergeschirr. An einer Längsfront hing ein sieben mal drei Meter großes Bild von Salvator Rosa, „Die Schlacht bei Zenta", vis-à-vis ein fünf mal drei Meter großes Bild des bedeutenden böhmischen Malers Peter Brandl, „Josef von Ägypten gibt sich seinen Brüdern zu erkennen". Die Herren erschienen im Smoking, die Damen im langen Abendkleid. Die Tafel war durch Kerzenlicht beleuchtet, das die Damen bekanntlich schöner und den Schmuck funkelnder macht. Nach dem Abendessen ging man in den angrenzenden Salon und saß bei offenem Kaminfeuer bis spät in die Nacht. Manche Gäste spielten Bridge, andere tratschten. Wir mußten schlafen gehen.

Mitgenommen nach Neuhaus wurden selbstverständlich Fiffi, die drei Hauslehrer, der Koch, Hund, Meerschweinchen, Kanarienvogel. Außerdem Diener, obzwar im Schloß ein Hausmeisterehepaar wohnte. An Wäsche, Geschirr und sonstigem Hausrat wurde nichts mitgenommen, da dies alles reichlich vorhanden war. Während unserer Abwesenheit, ob aus Petersburg, Chudenitz oder Neuhaus, müssen die dort zurückgebliebenen Diener doch im Grunde genommen ein herrliches Leben geführt haben: Den ganzen Tag nichts zu tun, außer vielleicht ein- bis zweimal Fenster putzen, lüften, abstauben – ansonsten ein „Dolcefarniente".

„Schlösserreichtum" beziehungsweise „Schlösserarmut"

Wir besaßen, wie schon gesagt, fünf Schlösser, was „Schlösserreichtum" bedeutete. Andere Familien hatten viel mehr

Schlösser, vor allem meine Großeltern Schwarzenberg von der Krumauer Linie; eines davon in Österreich, in Murau, mit zwanzigtausend Hektar Landbesitz, ein Viertel ihres Gesamtbesitzes von achtzigtausend Hektar. Sie besaßen sage und schreibe zweiunddreißig Schlösser, ein von Hildebrandt erbautes Stadtpalais in Wien mit ausgedehntem, ummauertem Park und ein Stadtpalais in Prag am Hradschin, in reinem Renaissancestil. Das war ein „Superschlösserreichtum“. Auch die Liechtensteins besaßen mehrere Schlösser in Böhmen, Mähren und Österreich. Andere Adelige hingegen „litten“ unter „Schlösserarmut“, denn sie hatten leider nur eines. Ob ihnen nicht fad war, jahrein, jahraus immer in demselben Schloß zu hocken? Sie ersparten sich dabei allerdings das Herumsiedeln. Eine Erleichterung? Wer weiß! Für uns war das Übersiedeln eine Freude.

Ein sonderbares Land war dieses Böhmen. Ich glaube, es gibt in keinem anderen Land Europas, wahrscheinlich der Erde, so viele Schlösser wie in Böhmen und Mähren. In beinahe jedem Nest findet sich eines. Heute sind die meisten verfallen und erinnern an eine untergegangene Welt.

Auf der Suche nach Heiratskandidaten für Therese

Ab dem sechzehnten oder siebzehnten Lebensjahr meiner Schwester Therese, die ein hübsches, fröhliches und sehr natürliches Mädchen war, fingen meine Eltern an, einen passenden Heiratskandidaten für sie zu suchen. Einen „passenden" hieß damals: einen Adeligen. Da gab es zwei Möglichkeiten, die beide angewendet wurden: eine mehr theoretische und eine praktische. Die theoretische war der Gotha. Er spielte in unserer Familie eine große Rolle. Mich hat er immer gelangweilt. Er wurde nicht nur zu Rate gezogen, um die verschiedensten Verwandtschaftsgrade der Czernins mit den unterschiedlichsten europäischen Adelsgeschlechtern festzustellen, sondern auch, um in diesem Zuchtbuch der Aristokratie einen passenden Kandidaten zu finden. So saß man oft im Salon und studierte den Gotha.

Die andere Möglichkeit – praktisch und mehr erfolgversprechend – war, in Frage kommende Heiratskandidaten nach Petersburg, Neuhaus oder Chudenitz für ein paar Tage als Wohngäste einzuladen. Man bot ihnen Jagd, Ausreiten, Tennisspielen, gemütliches Beisammensein und den täglichen Anblick von Therese. Da kamen Barone, Grafen, Prinzen und sogar ein Staatsoberhaupt, der damals noch junge regierende Fürst von Liechtenstein,

Meine Eltern und wir drei Kinder

Meine erste Frau und ich

Franz Josef. Einfache „Von" wurden nicht geladen. Nicht weil meine Eltern hochmütig waren, sondern weil mein Vater einen „Herrn von Soundso" prinzipiell für besonders aufgeblasen hielt. Er sagte einmal: „Mir ist ein bürgerlicher Schwiegersohn oder eine bürgerliche Schwiegertochter lieber als ein ‚Von'." Ich hielt mich später daran, indem sowohl meine erste Frau, die leider starb, als die Kinder noch klein waren, als auch meine zweite, welche ich dreizehn Jahre später heiratete und die nur ein paar Jahre jünger ist als ich – vierundzwanzig! –, bürgerlich war beziehungsweise ist.

In diesem Zusammenhang fällt mir eine kleine Anekdote ein, die sich erst vor einigen Jahren abspielte, als meine Schwester noch lebte. Sie hatte die Eigenschaft, alles rundweg herauszusagen, was sie sich gerade dachte, mochte es auch barsch und takt-

Meine erste, 1970 verstorbene Frau

los sein. So saßen wir einmal bei einem Abendessen mit Gästen und kamen auf das Thema „Gotha“ zu sprechen. Ein Thema, das mich schon immer fadisierte. Ich sagte daher, daß mich der Gotha nie besonders interessiert habe. Worauf meine Schwester – anspielend auf meine beiden Ehen – so laut murmelnd von sich gab, daß es alle hören konnten: „Das merkt man auch.“ Daß ich zweimal eine Bürgerliche und keine Adelige heiratete, geschah nicht etwa aus einem Justamentstandpunkt oder aus primitivem „ödipalem“ Widerspruchsgeist gegenüber meinem Vater – nach Sigmund Freud mein „Widersacher“, ja „Feind“ –, sondern einfach deshalb, weil es sich halt so ergab. Unter den vielen adeligen Mädchen und jungen Damen, die ich kannte, wobei ich mit manchen auch einen kleineren oder größeren Flirt hatte, war eben keine dabei, die ich heiraten wollte. Und eine Vernunftehe, aus welchem Grunde auch immer, ob Tradition, Geld oder sonst etwas, kam für mich nie in Frage, obwohl solche Ehen sowie von den Eltern „gepantschte", wie man zu sagen pflegt, oft recht gut gingen. „Gepantschte" Ehen gibt es ja nicht nur bei Adeligen, sondern auch bei Bauern, insbesondere Großbauern, die als sozialer Stand dem Adel, was Traditionsbewußtsein und -pflege sowie konservative Gesinnung betrifft, näher stehen, verwandter sind als das städtisch-liberale Bürgertum.

Um auf die Heiratskandidaten meiner Schwester zurückzukommen: zweifellos der interessanteste und für meinen Vater wünschenswerteste war Franz Josef Liechtenstein, damals schon, wie erwähnt, regierender Fürst; ein großer, liebenswürdiger, wortkarger, dicklicher junger Mann. Besonderes oder auffallendes Interesse an Therese zeigte er nicht. Dennoch wurde sie von ihm kurze Zeit darauf zu einem Weekend in einem Liechtensteinschen Schloß eingeladen. Zur gleichen Zeit wurde auch eine offensichtliche Konkurrentin eingeladen, die gleichaltrige Gräfin

Meine zweite Frau

Gina Wilczek. Beim Mittagessen wandte sich der Hausherr an Therese, die zu seiner Rechten saß, und begann die Konversation, indem er seine Absicht kundtat, das Speisezimmer frisch ausmalen zu lassen und auch neue Vorhänge anzubringen. Er fragte sie, was sie ihm bezüglich zusammenpassender und harmonischer Farben für diesen Zweck wohl raten würde. Therese, die sich zum Unterschied von meiner Mutter für solche Dinge überhaupt nicht interessierte und keinen sonderlich entwickelten Geschmack besaß, erwiderte kurz angebunden: „Das ist mir eigentlich egal." Daraufhin wandte sich Franz Josef an seine linke Tischdame mit der gleichen Frage. Diese ging beredt darauf ein, großes Interesse vorspielend, überlegte hin und her, bis sie schließlich ihre feste Meinung äußerte.

Folge dieser Geschichte: Nicht Therese, sondern Gina wurde seine Frau. Für Therese wäre die anspruchsvolle Rolle einer Liechtensteinschen „Landesmutter" unvorstellbar gewesen. Sie hätte sie nie gut übernehmen können. Dafür spielte sie jene als Frau des Armeekommandanten des österreichischen Bundesheeres, Emil Graf Spannocchi, um so besser.

Eine zusätzliche kleine Anekdote zum Thema „Heiratskandidaten", sie soll tatsächlich stimmen: In Böhmen kursierte das Gerücht, daß adelige Mütter ihren ins heiratsfähige Alter heranwachsenden Töchtern den guten Rat gaben, drei Kategorien von Männern ja nicht zu heiraten: erstens keinen Juden, zweitens keinen Neger und drittens keinen Czernin. Ein „Teitelbaum" oder „Lumumba" würde sich im Stammbaum der Familie etwas seltsam ausnehmen, und was die Czernins beträfe, die seien in der Früh, gleich nach dem Aufstehen, immer grantig, was die Atmosphäre des beginnenden Tages von vornherein vergiften würde.

Die Sudetenkrise und Lord Runciman in Prag

Obwohl noch Platz für einige lustige Geschichten und Anekdoten bliebe, wird dieses Buch ab nun weniger amüsant, sondern eher ernst.

Im Sommer 1938 ballten sich am politischen Horizont bedrohliche Gewitterwolken zusammen. Um die angespannte und aufgeheizte Lage zu sondieren, wurde im Auftrag der britischen Regierung der englische Staatsmann Lord Runciman nach Böhmen entsandt. Er sprach mit tschechischen und sudetendeutschen Politikern, aber auch mit adeligen Großgrundbesitzern, von denen man annahm, sie hätten einen gewissen Einfluß auf das politische Leben und Geschehen sowie gute Beziehungen sowohl zu tschechischen als auch zu sudetendeutschen Politikern. Darunter waren unter anderen Prinz Clary, Prinz Hohenlohe, Fürst Schwarzenberg sowie mein Vater. So kam er auch zu uns nach Petersburg, und zwar vom Freitag, dem 9. September, bis zum Montag, dem 12. September 1938. Nirgendwo sonst blieb er so lange. Zu uns kam er auf Wunsch und mit dem Wissen der tschechischen Regierung, die wußte, daß mein Vater stets ein loyaler böhmischer Patriot und entschiedener Gegner einer Abtretung des Sudetenlandes an das Deutsche Reich war. Begleitet wurde Lord Runciman von seiner Frau und seinem Sohn Leslie.

Als ganz bedeutende, authentische Primärquelle für den nun folgenden Bericht über die Sudetenkrise verwende ich das Tagebuch meines Vaters und zum Teil jenes der Lady Runciman. Aus diesen beiden Tagebüchern hat mein Sohn Karl-Eugen in verdienstvoller Weise eine Druckschrift mit dem Titel „Sudetenkrise und Errichtung des Protektorats mit den Augen zweier Zeitzeugen“ verfaßt, welche heute ein außerordentlich wichtiges historisches Dokument darstellt. Für diese hochinteressante Arbeit nahm er vor ein paar Jahren Kontakt mit dem zweiten Sohn von Lord Runciman auf. Leslie, der mit dem Lord damals in Petersburg weilte, war inzwischen verstorben. Karl-Eugen bat den zweiten Sohn von Lord Runciman, ob er ihm aus den Tagebüchern von Lady Runciman, die damals ihren Mann, wie schon erwähnt, zu den Sondierungsgesprächen nach Böhmen begleitet hatte, die entsprechenden Textstellen, welche sie in äußerst geistreicher und amüsanter Form verfaßt hatte, zukommen lassen könne, was auch geschah. In dieser Druckschrift sind die Texte meines Vaters in deutsch, jene aus dem Tagebuch von Lady Runciman in englisch geschrieben, was sie noch interessanter macht. Die englischen Texte habe ich nun sinngemäß ins Deutsche übersetzt.

Aus dem Tagebuch meines Vaters und der Lady Runciman

Lassen wir nun meinen Vater als authentischen und wichtigen Zeitzeugen sowie Lady Runciman betreffend die Sondierungsmission ihres Mannes in Böhmen zu Wort kommen. Zur besseren Übersichtlichkeit sind die jeweiligen Tagebuchauszüge in verschiedener Schrift geschrieben: die meines Vaters in dieser Schrift, und jene von *Lady Runciman in dieser.*

25. Februar 1938:
Um fünf Uhr besuche ich den Gouverneur der Nationalbank, Englisch, der ungemein nett und freundlich mit mir ist. Ich trinke Tee mit ihm und seiner Frau und habe eine sehr interessante Konversation über die letzten politischen Ereignisse der Welt, die uns alle in große Aufregung versetzen. Hitlers Vorstoß gegen Österreich,

Schuschniggs wunderschöne Rede und vor allem die Situation und künftige Entwicklung unseres Landes, dessen Stellung derzeit weniger erfreulich ist. Schwere und sorgenvolle Zeiten.

9. März 1938:
Vormittags Besuch beim (tschechischen) Abgeordneten Beran und sehr interessantes Gespräch mit ihm. Er sagt, daß ernste Verhandlungen im Gange sind zwischen der Regierung und der sudetendeutschen Partei zwecks Regelung des Verhältnisses zu den Deutschen sowie auch, daß mit dem Deutschen Reich verhandelt werde. Das wäre sehr erfreulich, wenn es wahr wäre, woran ich allerdings etwas zweifle. Unsere Politiker sind unbelehrbar, und ich glaube nicht, daß sie einen entscheidenden Schritt machen werden zur endgültigen Befriedigung im Inneren sowie nach außen. Beran sagt, wie bedauerlich es sei, daß vor zwei Jahren die Restauration in Österreich nicht stattgefunden habe, was ihnen heute lieber wäre als der wachsende Nazismus in Österreich. Damals erklärte die Tschechoslowakei, die Restauration bedeute den Krieg.

Abends Diner bei uns. Gäste: der ungarische Gesandte Wettstein mit Frau, Menage (Ehepaar) Hanus Kolowrat, Menage Gerolf Coudenhove, Gilla Lobkowitz, Fritz Nostitz. Hübsches Diner und gute Konversation. Nach dem Diner hören wir am Radio Schuschniggs sehr schöne Rede, in welcher das Plebiszit für den 13. März verkündigt wird. Ich habe ein langes und sehr interessantes Gespräch mit Wettstein, der die internationale Lage trüb beurteilt. Auf allen Seiten sind fürchterliche Gefahren, und man hat wohl noch manche Überraschung von Deutschland zu erwarten. Dazu die Kurzsichtigkeit der hiesigen Staatsmänner und Politiker und das gänzliche Fiasko von Benes' Außenpolitik, die er seit 20 Jahren geführt hat. Schwere und sorgenvolle Zeiten.

11. März 1938:
Gegen sieben Uhr früh ruft uns Reszö Sereny an und macht uns die niederschmetternde Mitteilung, daß die Volksabstimmung in Österreich abgesagt ist – Schuschnigg zurückgetreten. Wir hören den ganzen Abend die Radiomeldungen an. Ich telefoniere nach Wien mit der dortigen ungarischen Gesandtschaft. Es ist das Ärgste, was man befürchtet hatte, eingetroffen: Ultimatum Deutschlands, Drohung mit Einmarsch, falls Schuschnigg nicht zurücktritt. Schuschnigg hält eine schöne Abschiedsansprache, worin er betont, daß er der Gewalt weicht. Seyß-Inquart wird Bundeskanzler. Alles geht zu den Nazis über. Spät am Abend wird ein Telegramm von Seyß-Inquart an Hitler verlesen, worin er bittet, deutsche Truppen nach Österreich zu entsenden, um die Ordnung aufrecht zu erhalten. Das war fein eingefädelt, sodaß jetzt der Welt weisgemacht wird, daß die Deutschen auf Wunsch Österreichs einmarschieren.

Obwohl ich an sich vorhatte, historische Ereignisse nicht nach meiner Meinung zu kommentieren, muß ich es hier, im Zusammenhang mit dem Anschluß Österreichs, dennoch tun und damit meinem Vater leider entschieden widersprechen.

Die Abschiedsrede Schuschniggs, die meinem Vater so gut gefallen hatte, war alles andere als schön. Schuschnigg war nämlich bei seinem Besuch bei Hitler auf dem Obersalzberg im Februar 1938 wie ein verschrecktes „Waserl“ dagesessen, was von allen übrigen Anwesenden, wie Keitel, Göring, von Neurath etc., übereinstimmend bestätigt wurde. Das einzige, womit man Hitler imponieren konnte, war Mut. Schuschnigg war aber kein mutiger Mann, sonst hätte er Hitler ganz dezidiert gesagt, daß auch er Regierungschef eines souveränen Staates sei, wenn auch eines viel kleineren als Deutschland. Aber die Größe eines Staates spielt gar keine Rolle. Er hätte auch darauf hinweisen sollen, daß er nur auf dieser ebenbürtigen Ebene mit ihm sprechen und widrigenfalls die Heimreise antreten würde. Schuschniggs letzte Worte seiner Abschiedsrede waren bekanntlich „Gott schütze Österreich!“ Nein, Held oder Märtyrer war er keiner.

Dagegen war Dollfuß – das erste Opfer der Nationalsozialisten – von ganz anderem Kaliber. Er stand nicht nur im Kampf gegen den Nationalsozialismus, sondern auch gegen die Sozialisten, die damals sehr radikal mit teils kommunistischen Zügen waren. Aber wo und wie wird dieses erste Opfer geehrt? Nirgends, außer in der Michaelerkirche im ersten Wiener Bezirk. Dort befindet sich eine kleine Seitenkapelle, in der eine Dollfuß-Statue vor einer aus weißem Marmor gemeißelten, wunderschönen Madonna mit gefalteten Händen kniet. Eigentlich rührend von den Wiener Sozialisten, das zu tolerieren.

Beim ersten Generalappell der „Vaterländischen Front“ hatte Dollfuß den Begriff „Österreich“ zum Mittelpunkt gemacht. (Die „Vaterländische Front“ war jene durch Dollfuß ins Leben gerufene Organisation, die alle politischen Parteien ersetzen und als einziges Instrument der politischen Willensbildung dienen sollte. Sie wurde in der Folge zum Sammelbecken aller Gegner des Nationalsozialismus wie auch des Austromarxismus.) „Österreich, erwache!“ sollte fortan das Motto sein. Das unterschied ihn von allen seinen Vorgängern an der Regierungsspitze. Nicht erst, wie behauptet wird, in den Konzentrationslagern Hitlers wurde der Glaube an unser kleines Land geboren. Dollfuß betonte, daß ab diesem Zeitpunkt die Gleichschalterei und der Terror entschieden abgelehnt bzw. bekämpft würden, und sagte weiter, daß sein Ziel ein sozialer, christlicher deutscher Staat auf ständischer Grundlage unter starker autoritärer Führung sei. Autorität heißt nicht Willkür, sondern geordnete Macht, heißt Führung durch verantwortungsbewußte, selbstlose, opferbereite Männer.

Der „Republikanische Schutzbund“ schlug im Februar 1934 los. Wo in aller Welt hätte sich die Regierung eines Staates gegen einen solchen Angriff auf die staatliche Ordnung nicht zur Wehr gesetzt? Nicht „friedliche Arbeiter" waren es, gegen die nun die Machtmittel des Staates eingesetzt werden mußten, sondern schwerbewaffnete Angehörige einer Parteigruppe, die in jahrelanger Vorbereitung von ihren Führern für den Bürgerkrieg geschult worden waren. Und wer waren diese Führer? Julius Deutsch und Otto Bauer hatten die Leitung der Revolte übernommen. In Walter Kempowski (Hg.), „Haben Sie Hitler gesehen?" (München 1973), wird u.a. auf die bis heute kaum zur Kenntnis genommene Tatsache hingewiesen, daß schon beim Bau des „Karl-Marx-Hofes" Waffen eingemauert worden waren: „Eine besondere Rolle fiel bekanntlich in jenen unseligen Kampftagen den großen Wohnhausbauten der Gemeinde Wien zu. So sehr die Schaffung dieser großzügigen Arbeiterwohnungen vom sozialen Standpunkt Anerkennung verdient, ebenso sehr ist ihr Mißbrauch für Zwecke des Bürgerkrieges zu verurteilen. Als der Aufstand am 12. Februar begann, ereignete es sich im ‚Karl-Marx-Hof' an der Heiligenstädterstraße im 19. Bezirk, daß Schutzbündler in Wohnungen eindrangen, mit der Spitzhacke eine Zimmerdecke aufbrachen und dort eingemauerte Gewehre und Maschinengewehre hervorholten. Diese Waffen waren schon beim Bau des Hauses dort verborgen worden. In den Hallen eines Gemeindewohnbaues befand sich ein Übungsschießplatz des republikanischen Schutzbundes. Die Schießscheiben zeigten Figuren in der Uniform der Bundespolizei."

Weil Dollfuß den Schießbefehl auf „friedliche Arbeiter" geben mußte, die im Grunde genommen reine Bolschewiken waren, aufgehetzt und verführt durch Julius Deutsch und Otto Bauer, nach denen heute noch Straßen in Wien benannt sind, wird er von den Sozialisten ignoriert. Daß er gegen die österreichischen Nationalsozialisten, die in ebenso großer Zahl vorhanden waren, ebenfalls scharf vorging, indem er sie in sogenannte „Anhaltelager" einsperrte, ist auch fast vergessen.

Hitler hatte beim geplanten Anschluß Österreichs von englischer Seite keinerlei Widerstand zu befürchten. Auch nicht von Frankreich, das sich, wie schon die Besetzung des Rheinlandes bewies, den englischen Wünschen fügte, indem es auf militärische Gegenmaßnahmen verzichtet hatte. Der einzige mögliche Widerstand gegen den Anschluß war von Italien zu erwarten, das für die Unabhängigkeit Österreichs eine Art Schutzmachtfunktion ausübte. Nicht aus besonderer Liebe freilich, sondern ebenfalls wieder nur aus politischem Kalkül. Würde Österreich nämlich durch den Anschluß an das Deutsche Reich seine Unabhängigkeit verlieren, so wäre Südtirol, das durch den Friedensvertrag von St. Germain Italien zugesprochen worden war, vermutlich das nächste Gebiet, das Hitler zurückfordern würde. Durch den ausdrücklichen Verzicht auf Südtirol konnte Hitler Mussolini jedoch umstimmen und Italien auf seine Seite ziehen. Am Abend des 1. März 1938 erhielt Hitler die Nachricht, daß Italien mit dem Anschluß Österreichs einverstanden sei. Umgehend kabelte Hitler nach Rom: „Mussolini, das werde ich Ihnen nie vergessen!", was sich dann auch am 12. September 1943 in der abenteuerlichen Befreiung des Duce durch deutsche Fallschirmjäger unter dem Kommando des SS-Sturmbannführers Otto Skorzeny bewahrheitete.

Die Republik Österreich selbst hatte ja seit dem ersten Tag ihres Bestehens als selbständiger und souveräner Staat den Anschluß an Deutschland gewünscht und sich als Bestandteil des Deutschen Reiches bezeichnet. Nachdem am 12. November 1918 die Republik Deutschösterreich ausgerufen worden war, wurde von der Provisorischen Nationalversammlung einstimmig ein Gesetz beschlossen, in dem es unter anderem hieß: „Deutschösterreich ist ein Bestandteil der Deutschen Republik." Durch die Bestimmungen des Friedensvertrages von St. Germain (September 1919) wurden der Name „Deutschösterreich" und der Anschluß an Deutschland verboten.

Am 13. November 1918 erklärte der damalige sozialdemokratische Staatskanzler Dr. Karl Renner vor der Provisorischen Nationalversammlung: „Unser Volk ist in Not und Unglück; das Volk, dessen Stolz es immer war, das Volk der Dichter und Denker zu sein, unser deutsches Volk des Humanismus ist im Unglück tief gebeugt. Aber gerade in dieser Stunde, da es so leicht und bequem und vielleicht auch so verführerisch wäre, seine Rechnung abgesondert zu stellen, um vielleicht von der Liste der Feinde Vorteile zu erhaschen, in dieser Stunde soll unser Volk in allen Gauen wissen, wir sind ein Stamm und eine Schicksalsgemeinschaft." In diesem Sinne verkündete er dann, daß Österreich nur den „Weg der eigenen deutschen Schicksalsgemeinschaft" gehen könne.

In der deutschösterreichischen Nationalversammlung vom 9. September 1919 wurde der Wunsch nach dem Anschluß so ausgedrückt: „Die Nationalversammlung erhebt vor der ganzen Welt feierlich den Protest dagegen, daß der Friedensvertrag von St. Germain unter dem Vorwand, die Unabhängigkeit Deutschösterreichs zu schützen, dem deutschösterreichischen Volk sein Selbstbestimmungsrecht nimmt und ihm die Erfüllung seines Herzenswunsches, die Vereinigung mit dem deutschen Mutterland, verweigert."

Der Wortführer des Austromarxismus und spätere Staatssekretär für Auswärtige Angelegenheiten, Otto Bauer, schrieb in einer Broschüre im Jahre 1919 unter dem Titel „Der Weg zum Sozialismus": „Der Anschluß an Deutschland bahnt uns also den Weg zum Sozialismus. Darum muß der Kampf um den Sozialismus hierzulande zunächst geführt werden als ein Kampf um den Anschluß an Deutschland."

Die am 12. März 1938 einmarschierenden deutschen Truppen wurden von der Bevölkerung mit Blumen und unter frenetischem Jubel begrüßt. Hitlers Fahrt im offenen Wagen über Braunau, Linz und St. Pölten nach Wien gestaltete sich zu einem Triumphzug sondergleichen. In allen Dörfern und Städten war die Bevölkerung auf den Straßen, um ihm einen enthusiastischen Empfang zu bereiten. All dies ist in Bild und Ton festgehalten durch die Hitlers Wagen begleitende deutsche Filmgesellschaft „Ufa“; den Film konnte ich selbst vor einigen Jahren anläßlich einer geschlossenen Veranstaltung sehen.

Bei Hitlers triumphalem Eintreffen in Wien am 14. März 1938 ließ Kardinal Innitzer, Erzbischof von Wien, alle Kirchenglocken läuten, nachdem er sich bei Hitler zuvor die Erlaubnis dazu geholt hatte. Von den Kirchtürmen wehten Hakenkreuzfahnen. Nicht nur am Heldenplatz jubelten begeisterte Massen, ganz Österreich wurde von einem Freudentaumel erfaßt, den es in diesem Land wohl noch nie zuvor gegeben hatte und der sogar Hitler überwältigte.

Für Tausende allerdings war es kein Tag des Jubels und der Freude, sondern einer der Trauer und der Tränen – der Beginn eines Leidensweges, hinaus aus der geliebten Heimat, dem geliebten Zuhause, in die Emigration, in die Konzentrationslager, in den Tod. Denn mit Hitler kamen auch die einst verfemten österreichischen Nationalsozialisten revanche- und rachelüstern aus dem Exil in Deutschland zurück, die übrigen wurden aus den österreichischen Gefängnissen („Anhaltelagern“) freigelassen. Sie waren es vor allem, die unverzüglich begannen, offene Rechnungen zu begleichen, unliebsame Personen zu verhaften, in die KZs zu schicken. Juden auf den Straßen Wiens wurden durch sie auf unwürdigste Art und Weise belästigt, erniedrigt und gedemütigt – vor den Augen der glotzenden Stadtbewohner mit dem angeblich „goldenen Wiener Herzen“, dessen sie sich in feucht-fröhlicher, scheinheiliger und verlogener Heurigenstimmung stolz rühmen.

Am 10. April 1938 fand die Volksabstimmung über den Anschluß statt. Sie fiel fast genauso aus, wie es Karl Renner zehn Jahre zuvor prophezeit hatte: 99,7 Prozent stimmten mit „Ja“. So unglaublich diese Zahl auch scheinen mag, es gibt keinen dokumentierten Beweis für Manipulationen. Denn gäbe es einen, wäre er bestimmt in der zeitgeschichtlichen Fachliteratur erwähnt. Zwar fehlten in Österreich als Wähler Tausende verhaftete oder geflohene Kommunisten, NS-Gegner und Juden, aber sie hätten den Prozentsatz nur unwesentlich gesenkt.

Der österreichische Episkopat erließ im Hinblick auf die Volksabstimmung folgende Erklärung: „Am Tage der Volksabstimmung ist es für uns Bischöfe selbstverständliche Pflicht, uns als Deutsche zum Deutschen Reich zu bekennen." Selbst Karl Renner, der nach dem Zweiten Weltkrieg Regierungschef und dann Bundespräsident der neugegründeten Republik Österreich wurde, erklärte eine Woche vor der Volksabstimmung, am 3. April: „Als Sozialdemokrat und somit als Verfechter des Selbstbestimmungsrechtes der Nationen, als erster Kanzler der Republik Deutschösterreich und gewesener Präsident ihrer Friedensdelegation in St. Germain werde ich mit ‚Ja' stimmen." Damit wurde sowohl den österreichischen Katholiken wie den Sozialdemokraten seitens ihrer höchsten Repräsentanten offiziell empfohlen, für den Anschluß zu stimmen, was zweifellos zu dem verblüffend hohen Prozentsatz an Ja-Stimmen wesentlich beigetragen hat.

Die Eingliederung Österreichs in das Deutsche Reich wurde mit Berufung auf ein sogenanntes „Anschlußgesetz" vollzogen, ohne Widerstand der Westmächte oder des österreichischen Volkes.

Obwohl nicht direkt zum Thema gehörend, ist vor dem Hintergrund dieser historischen Tatsachen die heutige Selbstdarstellung Österreichs nicht uninteressant, denn sie ist geradezu ein Musterbeispiel opportunistischer Geschichtsumdeutung. In der „Moskauer Erklärung" vom 1. November 1943 bezeichneten die alliierten Mächte USA, England und die UdSSR Österreich als „erstes Opfer" der nationalsozialistischen Aggression und forderten es nach Kriegsende als eigenen, unabhängigen Staat wiederherzustellen.

Die Österreicher, geborene Opportunisten, nutzten ihre Chance: Alles, was nicht in dieses Bild vom „Opfer Österreich“ paßt, wird seit Kriegsende 1945 konsequent ausgeblendet, verschwiegen, geleugnet und verdrängt, was man dann „Vergangenheitsbewältigung“ nennt. Verdrängt wird vor allem eines: die unleugbare Tatsache, daß es die Sozialdemokraten gewesen sind, die vom ersten Tag an, nachdem 1918 die Republik ausgerufen worden war, immer für den Anschluß waren, ob mit oder ohne Hitler. Einen vom „Opfer“ sehnlicher gewünschten und herbeigeführten Akt der „Aggression“ oder des „Überfalls“, wie man den Anschluß auch nennt, hat es in der Weltgeschichte wohl noch nie gegeben.

Somit bestand Österreich als selbständiger Staat von 1918 bis 1938 nicht etwa, weil es das selbst wollte, sondern nur deshalb, weil man ihm das Recht verweigert hatte, sich dem Deutschen Reich auf dem Weg der Selbstbestimmung anzuschließen.

Am 10. November 1928, zehn Jahre nachdem die Republik ausgerufen worden war und durch Gesetz beschlossen hatte, „Bestandteil der deutschen Republik“ zu sein, erklärte der ehemalige sozialdemokratische Staatskanzler Dr. Karl Renner: „Heute, zehn Jahre nach dem November 1918 und immerdar halten wir in Treue an diesem Beschluß fest und bekräftigen ihn. Der Friede von St. Germain hat das Selbstbestimmungsrecht der Deutschen in Österreich vernichtet. Laßt Österreichs Bürger frei abstimmen, und sie werden mit 99 von 100 Stimmen die Wiedervereinigung mit Deutschland beschließen.“ Wieder rund zehn Jahre später ging diese Wunschprophezeiung Renners in Erfüllung.

Drei Tage vor dem Einmarsch deutscher Truppen, am 9. März 1938, beschloß der damalige österreichische Kanzler Kurt Schuschnigg plötzlich, die Frage der Unabhängigkeit Österreichs zum Gegenstand einer Volksabstimmung zu machen, die bereits am 13. März stattfinden sollte. Nur vier Tage Zeit, um eine Volksabstimmung in einem Land, in dem es nicht einmal Wahllisten gab, vorzubereiten und ordnungsgemäß abzuhalten, war wohl eine zu knappe Frist. Abgesehen davon, daß dafür das in der Verfassung festgeschriebene Wahlalter von 21 auf 24 Jahre hinaufgesetzt wurde, wodurch die Abstimmung schon allein deshalb anfechtbar gewesen wäre, gab es überdies beschränkende Durchführungsbestimmungen: zum Beispiel jene, daß die Mitglieder der Wahlkommission in den Abstimmungslokalen der „Vaterländischen Front“ angehören mußten und keine anderen Personen anwesend sein durften.

Des weiteren sahen die Durchführungsbestimmungen vor, daß die offiziellen Abstimmungszettel nur mit dem Wort „Ja“ bedruckt werden sollten. Wer mit „Nein“ – also gegen die Unabhängigkeit Österreichs – stimmen wollte, mußte einen eigenen Zettel des gleichen Formats (5 x 8 cm) mitbringen und das Wort „Nein“ draufschreiben. Es waren somit nur vorgedruckte Ja-Stimmzettel vorgesehen, keine Nein-Stimmzettel.

Unter solchen Bedingungen, die der Wahlmanipulation Tür und Tor geöffnet hätten, wäre die Volksabstimmung für Schuschnigg wohl nur günstig ausgefallen. Es war daher von vornherein anzunehmen, daß Hitler sich nicht damit einverstanden erklären würde. Am 11. März ließ er Schuschnigg durch Seyß-Inquart ultimativ auffordern, diese Volksabstimmung unverzüglich abzusetzen und einer in vier Wochen abzuhaltenden, freien und geheimen Volksabstimmung nach dem Modell der Saar-Abstimmung zuzustimmen, welche unter Aufsicht des Völkerbundes stattgefunden hatte und keinerlei Unregelmäßigkeiten aufwies. Andernfalls würden deutsche Truppen Österreich besetzen. Schuschnigg lehnte ab und wandte sich in seiner Bedrängnis an Mussolini. Dieser riet ihm, von der geplanten Volksabstimmung in dieser Form abzusehen. Schuschnigg lehnte wiederum ab. Daraufhin erklärte Mussolini: „Man kann kaum dümmer sein. Unter diesen Umständen interessiert mich Österreich nicht mehr.“

Nun wieder weiter mit den Tagebuchaufzeichnungen meines Vaters:

12. März 1938:
Aus Wien jagt eine Nachricht die andere. Das Radio ist bereits von den Nazis übernommen worden und bringt Nazi-Hymnen. Hitler kommt heute nachmittag nach Linz. Die Großmächte rühren sich überhaupt nicht und lassen den Dingen ihren Lauf. Alles, worauf man in Österreich ein klein wenig gehofft hatte, ist über Nacht in nichts zergangen. Die Nazis finden keinen Widerstand. Die sogenannte „Vaterländische Front" ist mit einem Federstrich aufgelöst, und mit Jubel stürzt sich Österreich in das Dritte Reich. So wenig Ehrgefühl und Selbstachtung wird man wohl bei wenigen Völkern finden wir bei den Österreichern. Großer Sturm gegen die Juden. Kein Österreicher darf das Land verlassen. Nachmittag hören wir am Radio die Vorbereitungen zum Empfang Hitlers in Linz und die wilde Begeisterung. Es dreht einem den Magen um. Die Ankunft selbst und die Rede dieses Teufels hören wir gottlob nicht. Ich gehe nachmittags zur österreichischen Gesandtschaft, um dem Gesandten Marek meine Teilnahme auszudrücken. Ich finde das ganze Personal der Gesandtschaft am Radio versammelt. Der Gesandte nimmt mich mit in sein Arbeitszimmer. Nach ein paar Minuten kommt der Militärattaché Baron Schleinitz ganz verstört mit einem Telegramm herein. Ich ziehe mich ins andere Zimmer zurück. Marek kommt dann heraus und zeigt mir das Telegramm mit dem Auftrag, sofort die Hakenkreuzfahne zu hissen. Darauf stellt er sich neben mich ans Fenster und weint. Ich gehe tief ergriffen weg.

13. März 1938:
Hitler kommt heute nach Wien. Wien ist ein deutsches Heerlager. Die ganze Stadt ist von Militär besetzt. Es heißt zuerst, daß

Schuschnigg als Gefangener nach Berlin transportiert wurde. Abends aber kommt die Nachricht, daß der Nuntius und der französische Gesandte sich für ihn eingesetzt haben, er noch in Wien sei und hoffe, daß er über die ungarische Grenze geschafft werde.

14. März 1938:
Prachtvoll schön. Früh die Nachricht, die gestern abend im Radio war, daß Österreich aufgehört hat zu existieren und ein Bestandteil des Deutschen Reichs geworden ist. Miklas hat abgedankt. Seyß-Inquart hat die Geschäfte übernommen. Das geht Schlag auf Schlag.

15. März 1938:
Alles ist tief besorgt, da man sich fragt, was mit unserem Lande geschehen wird und wann endlich unsere Politiker zur Einsicht kommen und ein erträgliches Verhältnis mit den hiesigen Deutschen machen werden.

Hitler hat heute in Wien von der Burg aus gesprochen, danach war große Truppenparade. Von der kaiserlichen Burg wurde die Hakenkreuzfahne hochgezogen, und die Österreicher jubelten.

17. März 1938:
Wunderschön und sehr warm. Vormittag um zehn Uhr besuche ich den Kardinal Kaspar, der sehr lieb ist und die allgemeine Lage sehr bekümmert betrachtet. Er ist sehr lieb und gut, aber etwas mehr Energie und entschiedeneres Auftreten wären bei ihm wohl wünschenswert, umso mehr, da die Politik der sogenannten katholischen Partei der „Lidova Strana" jeder Beschreibung spottet. Er selbst verabscheut diese Partei, und umso merkwürdiger ist es, daß der Metropolit auf sie gar keinen Einfluß ausüben kann. Der seit dem Dollfußmord ziemlich kompromittierte Major Fey, ehemaliger Chef der Heimwehr, hat gestern sich, seine Frau und seinen

neunzehnjährigen Sohn erschossen. Es soll eine ganze Reihe von Leuten in Österreich Selbstmord begangen haben.

18. März 1938:
Früh um neun Uhr in die Nationalbank zum Gouverneur Englisch. Er sagt, daß die Regierung eine großzügige Lösung mit den hiesigen Deutschen unternehmen werde. Ferner, daß heute, nach frisch eingelaufenen Meldungen, die internationale Lage etwas weniger gefährlich sei, da Hitler über die Tschechoslowakei beruhigende Erklärungen abgegeben hat, und daß das Ausland hinter der Tschechoslowakei stehe. Allerdings ist die Hilfe von Frankreich meiner Ansicht nach sehr problematisch und die Hilfe Sowjetrußlands eine noch viel größere Gefahr für die jetzige Weltlage. Radiomeldung aus Paris, daß die beiden Brüder Hohenberg heute verhaftet wurden. Hoffentlich bewahrheitet sich das nicht. Wir hören Hitlers Reichstagsrede an, die Gott sei Dank in internationalen Beziehungen keine Drohung enthält und vielleicht geeignet sein dürfte, die Besorgnisse wegen eines Konflikts mit uns zu dämpfen.

19. März 1938:
Zu Mittag essen wir beim Kardinal mit dessen Schwester und dem Chargé d'Affaire der Nuntiatur, Msgr. Borzio. Interessante Konversation über die politischen Ereignisse. Der Kardinal gibt uns einen Brief des Wiener Kardinals Innitzer vom 13. dieses Monats an ihn zu lesen, nachdem Kardinal Innitzer Hitler besucht hatte. Aus dem Brief spricht tiefste Besorgnis und keinerlei Freude über den Umsturz. Kardinal Innitzer gibt seiner Hoffnung Ausdruck, daß die Stellung der Katholiken in Österreich erträglich sein wird, da Hitler ihm diesbezüglich eine – allerdings vage – Zusage gemacht hat. Diesen Brief zu lesen, war mir sehr wertvoll, da hier verschiedene Kommentare über Kardinal Innitzers Auftreten kursiert hatten!

22. März 1938:
Die Informationen lauten nicht sehr günstig. Zum Essen Therese Schwarzenberg, die aus Wien kommt und erzählt, daß selbst das deutsche Militär angeekelt ist über den Enthusiasmus und die Anbiederung der Österreicher. Nachmittag gehe ich zum Tee zur amerikanischen Gesandtschaft, zum neuen Gesandten Mr. Carr und seiner Frau. Er ist ein sehr netter alter Herr. Es sind dort verschiedene Leute, darunter das Schweizer Gesandtenpaar Bruggmann. Die beiden Gesandten sehen die internationale Lage sehr düster.

24. März 1938:
Abends Diner bei Herrn und Frau Krulich-Randa, Generaldirektor der Berg- und Hüttenwerke. Schöne moderne Villa. Ausgezeichnetes Essen. Die Konversation bewegt sich meist in Politik, die heute alles beherrscht. Wie wird unsere Regierung das Verhältnis zu den hiesigen Deutschen regeln, die nun durch Auflösung des Bundes der Landwirte und der christlich-sozialen Partei beinahe völlig geschlossen hinter Henlein stehen. Chamberlain hat heute eine Rede gehalten, woraus hervorgeht, daß England im Kriegsfall der Tschechoslowakei nicht helfen werde. Also sind wir auf uns selbst gestellt. Benes' zwanzigjährige Politik hat vollkommen Schiffbruch erlitten.

1. Mai 1938:
Sonntag, Staatsfeiertag, der heuer von der Sudetendeutschen Partei ganz besonders gefeiert wird. Abscheuliches Wetter. 9 h Messe, vormittags mit den Kindern. Nachmittags mache ich mit Josl (meine Mutter) und den Kindern eine Autofahrt über Jechnitz-Pschoblik. In Jechnitz begegnen wir dem Zug der S.d.P. (Sudetendeutsche Partei) – circa 40 Fahnen und 5.000 Personen. Wir bleiben stehen und schauen lange zu. Ungeheure Menschenmengen, die alle Sieg-Heil schreien und mit ausgestreckter Hand grüßen.

Es ist ganz, wie wenn man in Deutschland wäre, und es gibt einem dies viel zu denken. Ist eine Einigung der Nationen im Rahmen des Staates überhaupt noch möglich, oder wollen nicht alle unsere Deutschen den Anschluß ans Reich? Die Leute gehen sehr diszipliniert vorüber mit fröhlichen Gesichtern, viele erkennen uns und grüßen uns sehr freundlich. – Wie ich später erfahre, hat der Festredner, Herr Illing, eine sehr radikale Rede gehalten mit äußerst heftigen Angriffen gegen die Regierung, und er soll ein Hoch auf Hitler angebracht haben.

Ich habe das Gefühl, daß sich die Ereignisse überstürzen und daß an einen Ausgleich nicht mehr zu denken ist. Daß die tschechoslowakische Regierung eine Horde von Betrügern, Korruptionären und Gaunern ist, ist wohl für niemanden zweifelhaft. Mit unglaublicher Blindheit hat sie durch zwanzig Jahre diese Politik gemacht, deren Früchte wir heute sehen. Soll das die Zerreißung des Landes bedeuten? Das wäre ein furchtbares Unglück. Ich bete aber zu Gott, daß, was immer auch geschehen sollte, nur kein Krieg ausbreche.

20. Mai 1938:
Zum Essen kommt der ungarische Gesandte Wettstein mit Frau. Die Aussichten sind trostlos, und ich sehe mit Zittern und Bangen in die nächste Zukunft. Autonomie der Sudetendeutschen oder Anschluß an Deutschland. Krieg oder innere Unruhen, das sind die Fragen, die heute alle beschäftigen, und die Atmosphäre ist zum Zerreißen gespannt.

21. Mai 1938:
Die Situation hat sich sehr verschlechtert. Heute nacht war beim Militär Alarm, welches sofort Autos von uns requirierte und abfuhr. Die Nervosität ist sehr groß. Es sind fortwährend in verschiedenen Städten Zwischenfälle, Prügeleien, und heute nacht wurden

in Eger zwei Leute, die auf den Anruf der Wache nicht stehenblieben, erschossen.

23. Mai 1938:
Heute ist eine wesentliche Entspannung zu konstatieren. Die militärischen Maßregeln der letzten zwei Tage scheinen großen Eindruck hervorgerufen zu haben und zur Beruhigung beigetragen zu haben. Es haben auch sehr eindringlich Demarchen Englands und Frankreichs stattgefunden, und es heißt, daß das von unserer Regierung angekündigte Nationalitätenstatut äußerst weitgehend ist. Die Verhandlungen darüber mit Henlein stehen vor der Tür. Ich besuche dann den Schweizer Gesandten Bruggmann, der mir die Entspannung in der C.S.R. bestätigt, hingegen die internationale Lage – England – Italien – Frankreich – sehr pessimistisch beurteilt.

24. Mai 1938:
Henlein hat gestern eine Unterredung mit Hodza (tschechischer Ministerpräsident) gehabt, über deren Ergebnis man gar nichts hört, was kein gutes Zeichen ist. Es rücken immer wieder neue Leute zur „Waffenübung" ein. Wenn auch gestern eine gewisse Entspannung konstatiert wurde, so ist doch die Atmosphäre so furchtbar geladen, daß nur wenig zu einer Explosion genügt. Das ganze deutsche Gebiet ist mit Militär besetzt, und dies trägt wenig zur Verbesserung der Stimmung für die bevorstehenden Verhandlungen wegen des Nationalitätenstatuts bei.

20. August 1938:
Vormittag sehr schön und heiß. Zur Jause kommen aus Prag der englische Gesandte Newton sowie der englische Botschafter in Chile, Charles Bentrick, mit Frau. Tennis gespielt und sehr viel über Politik gesprochen. Besonders abends nach dem Diner sehr lange politische Konversation über die uns alle bewegenden Fra-

gen des Ausgleichs der Nationen in unserem Staate und über die Aussichten der Mission Lord Runcimans in Prag.

21. August 1938:
Sonntag Messe. Gußregen. Ich gehe längere Zeit allein mit dem Gesandten Newton und habe ein eingehendes politisches Gespräch mit ihm, da ich darauf halte, ihm meinen neutralen, keineswegs national voreingenommenen Standpunkt darzulegen. Ich bitte ihn, in meinem Namen Lord Runciman für das Wochenende vom 11. September nach Petersburg einzuladen.

Im folgenden Auszüge aus dem Tagebuch der Lady Runciman sowie abwechselnd auch aus den Aufzeichnungen meines Vaters:

Rothenhaus, 27. August 1938:
Schloß Rothenhaus ist groß, aufeinander folgende Bauten wurden immer wieder in den ständigen Kriegen dieses Landes zerstört, es ist aber voll mit historischen Assoziationen. Eine Büste Napoleons steht vor General Schwarzenberg, der ihn bei Leipzig besiegte. Neulich stieß man auf etwa 200 Bilder, versteckt in der Zeit von Maria Theresia. Es gab Aufzeichnungen davon, aber man dachte, sie seien zerstört worden, wie so viele, durch Verschmutzung und Feuchtigkeit. Aber einige sind restaurierbar, hauptsächlich Familienporträts.

Nach dem Abendessen mußte Walter (Runciman, ihr Ehemann) *den Bürgermeister etc. treffen, und ich sprach hauptsächlich mit der Wiener Tante und Gräfin Ledebur, die mir fast verrückt erscheint – sie ist so aufgeregt. Als ich erwähnte, daß Franzi Schwarzenberg* (tschechischer Politiker) *für mich so hilfreich als Führer war wegen seiner guten Geschichtskenntnisse, schrie sie mich fast an, daß es sie unglücklich mache, daß ich ihn zu mir über Geschichte reden lasse: „Er wird Ihnen alles falsch erzählen!" schrie sie, und „Ich kann es nicht ertragen!" Um sie zu beruhigen, sagte ich ihr, daß ich mit Franzi über nichts Politisches, sondern über die Geschichte der Barockkunst, Architektur usw. gesprochen habe.*

Teplitz, 27. August 1938:
Madame de Latour war zu Besuch bei Prinz Clary in Teplitz:

Der interessanteste Gast war Clarys Schwester, Madame de Latour. Sie ist gescheit und nett. Sie sprach mit mir viel über Hitler (den sie persönlich kannte und des öfteren besuchte. In Hitlers Reichsparteitagsrede, die mein Vater unüberbietbar scharf und drohend fand, sah sie nichts dergleichen).

Sie hat ein herrliches Album mit Unterschriften, nicht Autographien, sagt sie, da sie nur von Leuten sind, die sie kennt. Viele gekrönte Häupter, ein Boxer, eine Tänzerin, ein Filmstar, zwei Diktatoren, Politiker usw. – fast jedermann also. Auch Hitler wurde das Buch geschickt mit der Bitte um eine Unterschrift und um ein separates Foto. Er schickte ein signiertes Foto, worauf ihm das Buch wieder zurückgeschickt wurde mit dem Vermerk, daß er die Anweisungen nicht gelesen habe. Beim nächsten Mal gehorchte er dann! Sie sprach mit mir viel über Hitler, den sie manchmal trifft. Sie sagte, er habe gemeint, daß er England gerne besuchen wolle, er fürchte aber, daß wir nicht genug Leute haben, um ihn zu beschützen! Sie sagte, sie glaube nicht, daß er sehr lange leben werde! Sie fragte ihn, was wohl wäre, wenn er morgen sterben würde. Er sagte, es würde alles für eine kurze Zeit weitergehen. Er sagte ihr, daß <u>derzeit</u> Nazismus die einzig notwendige Regierungsform für Deutschland sei. Aber er meinte auch, daß das zum Beispiel nicht gut für England mit seiner Monarchie bzw. Demokratie wäre – es habe die Regierung, die es wolle (brauche!). Auch äußerte er, das Notwendigste wäre ein Einverständnis zwischen England und Deutschland, und Frankreich dürfe nicht ausgeschlossen werden, dann wäre der „Friede in Europa *gesichert". Sie ist außerdem überzeugt, daß Hitler keinen Krieg will. Er sagte zu ihr: „Warum sollte ich zerstören wollen, wofür ich so hart gearbeitet habe, um es aufzubauen?" All das klingt nicht nach einem Mann, der begierig darauf ist, fast ganz Europa zu erobern, was so viele Leute beharrlich glauben.*

Rothenhaus, 28. August 1938:
Walter und ich hatten große, aber wirklich sehr komfortable Zimmer mit Blick auf die Straße und eher unkomfortabel nahen Fenstern gegenüber! Prinz Clary sagte mir, daß sie bei ihren Rebhuhn-Abschüssen aufpassen müßten, nicht in die Häuser zu schießen.

Am Sonntag (29. August) fuhren wir mit Autos aus der Stadt hinaus und gingen dann im Wald spazieren. Zwei Detektive vor und zwei hinter unserer kleinen Prozession. Sie scheinen nun alle auf internationalen Polizeischutz Wert zu legen, sie fürchten sich vor Zwischenfällen. Die tschechische Polizei sowie die Sudetendeutschen sind in Aufruhr, und es gibt gewaltbereite kommunistische Gruppen. Walter kann sich darum nicht kümmern: er hat mit der großen Frage weiter zu kämpfen. Wir unterhielten uns nach dem Essen. Der örtliche, neulich gewählte Bürgermeister und seine Frau kamen zum Mittagessen. Dann, um vier, verließen wir Rothenhaus, um Henlein etc. zu treffen.

30. August 1938:
Vormittag kommt Prokop Lazansky zu mir, der voll Aufregung ist über die kriegerischen Gerüchte und mich fragt, was ich machen werde, ob ich Frau und Kinder ins Ausland schicke. Ich sage ihm, daß ich nichts dergleichen tun werde, da sie im Ausland ohne Geld nicht leben können, und daß ich im Inland keinen Platz weiß, der sicher wäre. Hier kann man nichts tun als warten, und ich gebe noch nicht die Hoffnung auf, daß es nicht zum Krieg kommen wird. Die Nerven sind zum Zerreißen gespannt, und alles hat das

Gefühl, daß die nächsten Tage eine Entscheidung bringen werden. Krieg, Bürgerkrieg oder friedliche Lösung. O Gott, beschütze uns, unsere Kinder und unser Land!

1. September 1938:
Kein Regen, trüb. Vormittag fahre ich mit Josl nach Prag. Um halb zwei Uhr Dejeuner auf der englischen Gesandtschaft mit Lord und Lady Runciman, den kennenzulernen ich mit großem Interesse erwartet hatte. Er ist ein sehr ruhiger, feiner alter Herr, der etwas wie ein Clergyman aussieht. Sie ist eine freundliche, gemütliche alte Dame. Sonstige Anwesende: Runcimans Tochter, Mrs. Fairweather, Kanzler Samal und Frau, Abt Zavoral von Strahov, Menage Moritz Lobkowitz, Herr und Frau Götzl-Odkolek, Hans Ringhofer. Nach dem Essen habe ich eine kurze Konversation mit Lord Runciman, der mir zusagt, am 10. September nach Petersburg zu kommen. Die Lage ist heute ein Atom weniger gefährlich. Henlein ist nach Berchtesgaden zu Hitler gefahren, und man ist gespannt, was für eine Entscheidung dort fallen wird.

31. August 1938:
Herr Krulich-Randa (?) sagt, daß die Italiener die Idee einer Freundschaft mit Deutschland nur verhöhnen.

Er meint, daß Hitler Krieg vermeiden möchte, aber so wie jeder hält er ihn für unberechenbar. – Wenn ein Mann sich selbst für „einen Gott" hält und auch als solcher gesehen wird, kann man niemals vorhersagen, was er tun wird.

Herr Krulich-Randa hat eine gute Auswahl an alten Büchern, er hat uns eingeladen, sie bei einem Mittagessen einmal anzusehen.

1. September 1938:
Wir nahmen Margie mit zum Essen auf der Botschaft. Ich saß neben dem Regierungschef des Präsidenten, d. h. dem Vorstand sei-

nes Kabinetts. Er war ein wirklich typisch selbstgefälliger Tscheche. Er erwartete sogar Anerkennung dafür, daß sie im Palast Portraits von Maria Theresia belassen hatten, ich konnte nur sagen: „Und wenn schon." Der alte Abbé an meiner anderen Seite schaltete sich ein mit scharfer Verurteilung der Zerstörung einer wertvollen Statue von Maria Theresia in einer tschechischen Stadt. Ich mochte meinen Sitznachbarn nicht. Aber der alte Abbé war bezaubernd in seiner weißen Karmeliter-Robe und mit dem wunderbaren Smaragd- und Diamanten-Kreuz.

Abends Dinner bei Hr. u. Fr. Preiss. Frau Preiss erzählte, daß Mr. Peto Benes schon vor langem gedrängt habe, etwas zu unternehmen, aber er sah das nicht ein. Sie sagte auch, daß Benes – obwohl clever – kein Mann mit großem Weitblick sei. Sie meinte außerdem, daß nach Meinung ihres Mannes das, was Hitler in Zusammenhang mit der Tschechoslowakei wirklich wolle, in erster Linie die Sicherung der Neutralität der Tschechoslowakei sei. Ihm mißfalle ihre französisch-russische Allianz. Offensichtlich brachte der alte Herr diese Meinung auch den Männern gegenüber zum Ausdruck, und wir werden daher in ein paar Tagen wieder allein dinieren.

2. September 1938:
Beim Abendessen sagt P. M. Hodza, er halte die Pläne der Sudetendeutschen für undurchführbar.

5. September 1938:
Dr. Zenkl erklärte mir alles und auch seine Beweggründe, warum er sich in diese Arbeit stürzte: um den Kommunismus zu heilen durch Sensibilität und die Bereitschaft, Vorteile, Annehmlichkeiten, medizinisches Wissen und allgemeine Einrichtungen des täglichen Lebens mit den weniger Glücklichen zu teilen.

Unterhaltung mit dem Präsidenten zufriedenstellend aus unserer Sicht. Er sagte, England und Frankreich werden eines Tages *ihre Handlungsweise bedauern. Er scheint noch an der Idee festzuhalten, daß sein Land Europa vor dem Nazismus bewahren würde, aber es ist kein Renommee für eine Demokratie, solch ein unzufriedenes Volk zu haben.*

8. September 1938:
Bei einer kleinen Gesellschaft trafen wir Prinz Adolf Schwarzenberg, der mit seinen kleinen Geschichten wirklich ziemlich unterhaltsam ist: „Warum fliegen immer so viele deutsche Flugzeuge über Wien? Weil es die einzige Möglichkeit ist, die Österreicher zum Aufschauen zu bringen (sie laufen sonst immer mit unglücklich auf die Brust gesenkten Köpfen herum)."

9. September 1938:
Ich traf Prinz Max Hohenlohe, und er war wie gewöhnlich ruhig und nicht zu pessimistisch. Es könnte ganz leicht um vieles schlechter sein, meinte er. Er räumte ein, daß Hitler unkalkulierbar sei. Er sagte auch, daß die Verhandlungen wieder aufgenommen würden.

9. September 1938:
Nach halb sieben Uhr treffen Lord und Lady Runciman mit ihrem Sohn Leslie ein. Kurz danach Mr. und Mrs. Peto (Mitglieder der Delegation Runciman). Bei der Ankunft Lord Runcimans stürzt eine Menge von Leuten bis zur Terrasse im Schloßhof, die den Lord stürmisch begrüßen und anschließend eine Demonstration machen mit „Sieg Heil" und anderen Rufen. Da Lord Runcimans Besuch privat ist und er ausdrücklich gewünscht hat, Ruhe zu haben, ist diese Demonstration nicht am Platz. Die Leute bleiben ziemlich lange im Hof stehen, unaufhörlich in Sprechchören rufend: „Lieber Lord, mach uns frei von der Tschechoslowakei." Zum Schluß gehe ich hinaus und bitte sie in des Lords Auftrag, seinen

Wunsch nach Ruhe zu berücksichtigen und ruhig nach Hause zu gehen, was sie in völliger Ordnung tun. Nach dem Diner sehr angenehme und interessante Konversation. Der Lord ist sehr müde und geht bald zu Bett. Die Lady ist lieb und gemütlich. Der Sohn, ein Mann von achtunddreißig Jahren, ungemein sympathisch. Ich habe mit ihm beim Schlafengehen noch eine private, sehr interessante Konversation über Politik. Menage Peto ist auch nett und unterhaltend. Ich habe das Gefühl, daß alle froh sind, diesen Tag aus der Stadt weg zu sein und nach ihren ungeheuer aufreibenden Arbeiten sich auszuruhen.

10. September 1938:
Vor dem Souper sehr angenehmes Gespräch mit dem überaus sympathischen Leslie Runciman. Telephon aus Prag von der englischen Mission, daß die Verhandlungen mit der S.d.P. (Sudetendeutsche Partei) wieder aufgenommen werden, nachdem der Vorfall von Mährisch-Ostrau (Polizeiprügelei) befriedigend geregelt wurde.

Sonntag, 11. September 1938:
Sehr schön und warm. Halb zehn Uhr Messe. Vormittags sitzen wir mit den Gästen auf der Terrasse. Mit Lord und Lady Runciman, ihrem Sohn Leslie und Mister Peto, einem ranghohen Mitglied der Runciman-Delegation. Dann kommen sechs S.d.P.-Vertreter zu mir, die mir mitteilen, daß eine große Menschenmenge sich in Petersburg versammelt, um Lord Runciman zu sehen, nachdem die für 12.30 Uhr angesagte Deputation bei ihm gewesen sein wird. Ich gehe mit Leslie Runciman bis zum Ortsplatz; es sind eine Unmenge von Menschen, die uns sehr freundlich grüßen. Der Lord wartet inzwischen auf der Terrasse. Der Hof füllt sich mit Ordnern, welche das ganze Parterre einsäumen. Um halb ein Uhr erscheint, von einem Beifallssturm begrüßt, die Deputation. Ich empfange sie auf der Terrassenstiege und führe sie in den großen Salon, wo sie

Lord Runciman und Mr. Peto erwarten. Es sind die Abgeordneten Wollner und Hacker, Senator Liehen, die Bürgermeister von Podersam, Jechnitz und Luditz, der Bezirksleiter der S.d.P. und ein Dolmetsch. Lord Runciman hat mich aufgefordert, an dem Empfang teilzunehmen. Abgeordneter Wollner als Wortführer spricht als erster. Zu meinem großen Erstaunen sagt er dem Lord, daß die Sudetendeutschen heim ins Reich wollen. Er sowie alle anderen bringen Beschwerden vor und geben diesbezüglich Memoranden ab. Die Beschwerden handeln von der Unterdrückung der Sudetendeutschen, des Schulwesens, von den Schäden, welche durch die Bodenreform (in den frühen zwanziger Jahren) den Deutschen zugefügt wurden, vom tschechischen Beamtenapparat u.s.w. Der Lord antwortet zum Schluß kurz darauf, daß er die Beschwerden zur Kenntnis nehme und prüfen werde. Dann tritt er, begleitet von seiner Frau und dem Abgeordneten Wollner sowie von Josl und mir und Leslie Runciman auf die Terrasse, und es beginnt der Vorbeimarsch der Menge. Zirka fünftausend Leute ziehen vorbei. Sie rufen „Sieg heil" – „Wir wollen nach Deutschland". Sie singen das Horst Wessel-Lied und das Deutschlandlied. Prinz Johannes Lobkowitz, den ich auch eingeladen habe, ergreift die Flucht, als er die Demonstranten im Schloßhof „Deutschland über alles" brüllen hört. Ich habe eine ähnliche Demonstration hierzulande noch nie gesehen. Für die englischen Herren ist sie auch etwas ganz Neues. Mir ist dies höchst peinlich, da ich Lord Runciman nach Petersburg als einen neutralen Ort eingeladen habe. Diese Demonstration war mir eine Überraschung. Zum Schluß richtet der Lord ein paar Worte an die Menge, die ich übersetze: „Liebe Männer und Frauen von Böhmen! Ich bin in Euer wunderschönes Land gekommen und wünsche Euch, daß Ihr in Ruhe und Frieden leben möget!" Daraufhin zerstreut sich die Menge in Ruhe, und die Deputation verabschiedet sich von Lord Runciman und dann von mir. Abg. Wollner dankt mir, daß der Vorbeimarsch stattfinden konnte – ich muß sagen, daß mich diese Demonstration wenig angenehm berührt hat, speziell wegen meines Gastes. Es war aber sicherlich gut, daß Lord Runciman einmal die wirkliche Stimmung des Volkes gesehen hat.

Wochenende, Freitag, 9. September, bis Montag, 12. September:

Dieses Schloß ist gebaut rund um ein schönes, offenes Parterre, mit kleinen Buchshecken und einer einzigen Reihe von roten Pelargonien dazwischen. Nur ein Teil ist wirklich alt, mit einem schönen roten Dach. Das neuere Dach ist weniger attraktiv. Eine zweiflügelige, geschwungene Steinstiege führt vom Hof in einen Salon. Czernin stammt aus altem böhmischem Adel, ist nicht in der Politik. Er will nicht wählen, ob er ein Tscheche oder ein Deutscher ist. Er hat Besitzungen in beiden Teilen des Landes und will bloß ein guter Böhme sein und mit jedermann in Frieden leben in diesem Land. Aber er sagt, man kann nichts machen. Um etwas zu machen, muß man der einen oder anderen Partei angehören.

Wir hatten während unseres Besuches folgende Gäste: Prinz Lobkowitz mit Frau. Er lebt in Prag und ist Chef einer Versicherungsgesellschaft. Er ist nicht politisch tätig. Auch Prinz und Prinzessin Thun, die wir besonders mochten. Dann Graf und Gräfin Ledebur. Wir fuhren dann zu einem sehr reizvollen, kleineren Schloß mit ornamentaler Front von Buchshecken und Pelargonien und voll mit Louis-XV.-Möbeln, zum Großteil sehr attraktiv.

Zurück in Petersburg. Eine große Deputation kam an, von denen sieben hereinkamen, um interviewt zu werden. Graf Czernin und Herr Peto waren auch anwesend. Dann versammelten wir uns alle auf der Terrasse, und Hunderte sehr aufgeregt scheinende Leute marschierten vorbei. Sie sangen „Deutschland über alles", das „Horst-Wessel-Lied" etc. Aber alles sehr ordentlich. Ihr Anführer erklärte, daß Walters (Runciman) *Mission dem Land Frieden und Zufriedenheit bringen möge. Und dann sprach Walter mit wenigen Worten zu ihnen: „Männer und Frauen von Böhmen, Ihr habt eines der schönsten Länder in der Welt, und ich hoffe, daß Ihr in Eurem Land in Frieden und Glück leben werdet." Dann wurde ihnen von den Ordnern gesagt, sie sollen ruhig nach Hause gehen, was sie auch taten. Aber unser armer Gastgeber und die Gäste (besonders unser Gastgeber) waren furchtbar enttäuscht über die separatistischen Gesänge. Wenn nur früher irgend etwas getan worden wäre, vor einem Jahr oder sogar nur vor sechs Monaten. Aber das Vorgehen war immer nur eine Serie von Versprechungen seitens Benes, und nichts geschah. Sie alle sagen, wenn Masaryk zwanzig Jahre jünger gewesen wäre, wäre es anders gewesen. Die Leute vertrauen ihm. Niemand vertraut Benes.*

12. September 1938:
Abends von 7–9 hören wir mit größter Spannung Hitlers Rede auf dem Reichsparteitag in Nürnberg an. Sie ist unerhört scharf, und die Angriffe und Beschuldigungen gegen die C.S.R., die Regierung und den Präsidenten Benes können nicht mehr überboten werden. Er versichert die Sudetendeutschen seiner Hilfe, spricht aber doch den sehr wichtigen Satz aus: „Es ist Sache der tschechoslowakischen Regierung, sich mit den Vertretern der Sudetendeutschen auseinanderzusetzen." Damit ist doch noch eine kleine Hoffnung auf eine Regelung ohne Krieg übriggeblieben. – Diese Rede ist wie ein Donnerschlag, und man hat das Gefühl, daß jetzt die Dinge mit Windeseile einer Entscheidung zustreben.

13. September 1938:
Abends am Radio furchtbar scharfe Angriffe Deutschlands gegen die C.S.R. Die Sudetendeutsche Partei hat der Regierung ein mit sechs Stunden befristetes Ultimatum gestellt, widrigenfalls sie keine Verantwortung für die Entwicklung der Ereignisse auf sich

nehmen kann. Außer mir darüber, telefoniere ich gleich mit Max Hohenlohe, der in diesen Sachen sehr viel zu tun hat. Er erklärt mir, daß das Ultimatum von der Regierung angenommen wurde, worauf ich etwas erleichtert bin. Es stellt sich aber heraus, daß diese Nachricht falsch ist. Das Ultimatum wurde abgelehnt. Ich höre noch um Mitternacht die Nachrichten und gehe voll tiefster Sorge schlafen. Gott sei uns gnädig!

14. September 1938:
Die Verhandlungen der S.d.P.-Delegation mit der Regierung sind abgebrochen. Was jetzt? Mir ist unbeschreiblich bange. In der Nacht waren in vielen Orten Demonstrationen, Verhaftungen etc. Wir schicken das Auto nach Prag, um die Kinder kommen zu lassen.

Ich habe keine Ruhe und bin unbeschreiblich besorgt – man spürt direkt die unerträgliche Spannung. Nachmittags fahre ich nach Karlsbad. Im Karlsbader Bezirk ist seit gestern Standrecht, und die Stadt ist ausgestorben, kein Kurgast, beinahe keine Autos. Die Orte um Karlsbad sind voll von Militär, auf der Straße begegnet man sehr vielen Lastautos mit Soldaten, die gegen Karlsbad fahren, und vielen Übersiedlungsautos mit Möbeln, die von dort kommen.

Abends am Radio hören wir die sensationelle Nachricht, daß der englische Premierminister Chamberlain in Anbetracht des wachsenden Ernstes der Lage Hitler um eine persönliche Unterredung ersucht hat und daß er morgen nach Berchtesgaden fliegen wird. Chamberlain ist ein wunderbarer Mann, der wie ein Löwe um den Frieden kämpft.

Ferner wird am Radio gesagt, daß zwei S.d.P.-Vertreter heute mit der Mission des Lord Runciman gesprochen haben und daß ein gewisser Kontakt zwischen Ministerpräsident Hodza und dem Abgeordneten Frank bestehen soll – also ist die Hoffnung auf Wiederaufnahme der Verhandlungen und eine friedliche Lösung nicht ganz ausgeschlossen. Wenn es nur nicht im Inneren zu Unruhen kommt, da die Kommunisten und viele Zivilisten bewaffnet sind – davor habe ich die größte Angst!

15. September 1938:
Nachrichten von Ausschreitungen im Grenzgebiet. Chamberlain fliegt heute zu Hitler; diese Nachricht hat allseits ein Aufatmen der Erleichterung ausgelöst.

Zu Mittag am Radio die Proklamation Henleins (Obmann der Sudetendeutschen Partei), die den offenen Bruch verkündigt und damit endet: „Wir wollen heim ins Reich!" Hiermit ist jetzt das gesagt, was die S.d.P. immer wollte, wenn auch ihre Vertreter versicherten, sie wollten eine Lösung im Rahmen des Staates. Henlein lädt eine fürchterliche Verantwortung auf sich, wenn er jetzt, ehe Chamberlain noch zu Hitler kommt, diesen unendlich folgenschweren Schritt unternimmt.

Abends beim Diner auf der französischen Gesandtschaft äußerst interessante Gespräche mit Carr, Peto, Newton etc., ganz besonders aber mit Ashford-Gwatkin. Letzterer erzählt mir Details von seiner vorgestrigen Unterredung mit der S.d.P.-Leitung in Eger nach der Rückkehr Henleins aus Nürnberg. Er erzählt mir die erschütternde Tatsache, daß das vorgestrige Ultimatum der S.d.P. von der Regierung in Prag angenommen wurde unter einer Bedingung, daß ein Vertreter der Partei nach Prag komme, um darüber zu verhandeln. Diese einzige Bedingung wurde von der S.d.P. abgelehnt, es fahre niemand nach Prag, und der Riß wurde vollzogen. Gwatkin, der bis 3 h früh mit den Leuten redete, sagt mir, daß sie vollkommen berauscht von Nürnberg zurückgekommen seien, ganz benommen von der ungeheuerlichen Aufmachung dort und von der militärischen Macht Deutschlands, und daß es unmöglich war, mit ihnen vernünftig zu reden. Jetzt ist also herausgekommen, was ich immer als sicher annahm, daß die S.d.P. nicht den ernsten Willen zu einem Abkommen habe und nur das tut, was Hitler anordnet. Die Verantwortung, die Henlein und seine Leute durch diese Ablehnung auf sich laden, ist unsagbar groß. Ich rede dann noch eingehend mit dem Chef des Protokolls, Smutny, dem ich die Ereignisse des letzten Sonntags in Petersburg auseinandersetze und dem ich erkläre, daß ich nichts dafür kann und daß mir dies ungemein unangenehm war. Ich lege Gewicht darauf, ihm dies zu sagen, weil tschechische Zeitungen gegen mich schreiben und es nicht ausgeschlossen ist, daß Ämter (Bodenamt etc.) gegen mich mit Repressalien einsetzen werden. Smutny nimmt meine Schilderung sehr wohlwollend auf und versichert mir, daß man wisse, wie ich gesinnt sei, und daß niemand daran denke, daß ich dies alles aufgezogen habe. Ich bitte ihn, diese meine Erklärung eventuell an geeigneter Stelle wissen zu lassen, und bin ich sehr befriedigt von dieser Unterredung. Lord Runciman, Newton und Gwatkin waren unterdessen von Berchtesgaden aus zum Telephon gerufen worden. Sie kehren mit der Nachricht in den Salon zurück, daß Chamberlain morgen nach London zurückfliegen werde und daß die Unterredungen mit Hitler in den nächsten Tagen wieder aufgenommen werden. Über das Ergebnis oder den Inhalt der Besprechung in Berchtesgaden verlautet nichts. Die Situation ist also nicht schlechter, und wir wissen wenigstens, daß die Besprechungen nicht abgebrochen sind. Beim Weggehen sagt mir noch Bruggmann im Vertrauen, daß angeblich darüber gesprochen werde, in kurzer Zeit eine internationale Truppe nach Böhmen zu senden zwecks Aufrechterhaltung der Ordnung. Diese Nachricht begrüße ich mit größter Freude, hoffentlich wird sie sich bewahrheiten. Meine große Angst ist ja, daß es zu Ausschreitungen und einem Bürgerkrieg komme unter Eingreifen der allseits bewaffneten Kommunisten. Über diesen Punkt habe ich heute abends sehr eindringlich mit dem amerikanischen Gesandten Carr, mit Gwatkin und Peto gesprochen. Carr, der überhaupt sehr pessimistisch ist, und Gwatkin schienen den Ernst dieser Frage zu erfassen, Peto schien eher skeptisch. Um Mitternacht zu Hause nach diesem sehr interessanten Abend.

16. September 1938:
Ich gehe um halb zehn Uhr auf die englische Gesandtschaft, wo ich den mir so sympathischen Leslie Runciman besuche und mit ihm eine Weile spreche. Zu Mittag sind wir in das Fischrestaurant am Wenzelsplatz eingeladen von Mr. und Mrs. Peto, außer uns noch der englische Militärattaché Colonel Strong mit Frau, eine englische Dame, deren Namen ich nicht verstanden habe, und Eddy Czernin. Lord Runciman ist heute um 12 Uhr nach London abgeflogen. Die ganze Welt wartet nun mit Spannung. Der deutsche Rundfunk bringt unerhört scharfe Angriffe auf die Tschechoslowakei. Diese Propaganda übertrifft alles bisher Dagewesene. Erlaß des Landespräsidenten über die Ablieferung sämtlicher Waffen binnen vierundzwanzig Stunden. Die Tätigkeit der S.d.P. ist von Amts wegen eingestellt. Die Führer sind zumeist geflohen, auch Henlein ist über die Grenze. Das ist nicht gerade eine sehr ritterliche Tat, wenn man sich als Führer des Volkes ausgibt, sich in Sicherheit zu bringen.

16. September 1938:
Henlein ist offensichtlich geflohen und wird nicht mehr zurückkehren. Angeblich gibt es einen Haftbefehl gegen ihn. Er hat definitiv erklärt, das Sudetenland müsse in das Deutsche Reich eingegliedert werden. Es scheint mir bei weitem nicht klar, daß alle Sudetendeutschen Nazis werden wollen. Teilweise scheint es die Angst vor einem Krieg auf ihrem Gebiet zu sein, die sie beeinflußt.

17. September 1938:
Prachtvoll schön. Vormittags mit dem Direktor zum Bezirkshauptmann gefahren, mit dem ich die für morgen anberaumte Abgabe

der Waffen bespreche, welche heute verlautbart wird. Ich möchte mir gern zur persönlichen Sicherheit zwei Gewehre behalten, da mir die Lage nicht besonders gemütlich erscheint und ich Angst habe, daß unberufene Elemente etwas anstellen könnten. Zu diesem Zwecke muß ich aber ein Gesuch an die Landesbehörde richten. Dann in Petersburg zur Gendarmerie und dort auch wegen der Waffen gesprochen. Nachmittags mit Karl-Eugen nach Welchau, wo Ruhe ist. Es ist alles voll von Soldaten, viele junge Leute sind verschwunden, scheinbar nach Deutschland, um sich der Militärpflicht zu entziehen. Es herrscht Nervosität, da alle Leute erzählen, daß die Kommunisten von Rodisfort (Dorf unweit von Petersburg) sehr rege sind und sich mit bösen Absichten tragen.

Am Radio Aufruf Henleins aus Deutschland, in dem er den „höchsten Notstand" ausspricht und die Aufstellung eines sudetendeutschen Reitcorps „an den Grenzen der Heimat" verkündet. Wahnsinnige Hetzerei und Greuelnachrichten werden im deutschen Radio verbreitet – soll das vielleicht die Absicht sein, vor Chamberlains neuerlicher Unterredung mit Hitler nicht wiedergutzumachendes Unheil anzurichten und den Krieg ins Rollen zu bringen?

Lady Runciman war zu dieser Zeit beim Fürsten Schwarzenberg auf Schloß Orlik (die Orliker Linie der Schwarzenbergs, zum Unterschied von der Krumauer, aus der, wie erwähnt, meine Mutter stammte):

17. September 1938:
Steven Hunter und ich trafen ziemlich spät in Orlik ein. Es ist wirklich wunderbar gelegen, auf einem hohen Felsen inmitten dicht bewaldeter Hügel. Die Straße steigt allmählich an, aber von meinem Fenster aus schaute ich einige hundert Fuß auf den Fluß hinunter und hatte einen weiten Blick über diese liebliche Hügellandschaft. Die Möbel in meinem Zimmer waren auch sehr schön.

Empire, gekauft von Feldmarschall Schwarzenberg, als er nach Paris als Botschafter kam. Es wird gesagt, er sei verantwortlich für die Niederlage Napoleons bei Leipzig.

Die Gesellschaft war durchwegs pro-tschechisch: Prinz Johannes Lobkowitz, jener, der in Petersburg das große Diner fluchtartig verlassen hatte, als er die Demonstranten im Schloßhof „Deutschland über alles" rufen hörte. Franzi Schwarzenberg war da und Raa Kinsky sowie Geoffreys Witwe. Karl Schwarzenbergs Frau ist eine Österreicherin, sieben Jahre älter als er, wie sie mich freimütig informierte, mit einem großen Weitblick in Sachen Politik. Ich habe das Gefühl, sie muß Karl eher komisch finden und witzig, aber auch sehr langweilig und ermüdend. Er ist auch sehr zynisch. Wie auch immer; er versicherte mir, er würde lieber in einer Schlacht fallen, als ein Nazi zu werden.

An dieser Stelle ein Einschub:
Carl Schwarzenberg war nicht nur zynisch und dabei ein hochgebildetes Original. Er war, offen gesagt, ein echter Spinner. Dazu fallen mir zwei belustigende Geschichten ein. Die erste:

Als er mit einigen anderen Gästen bei uns in Neuhaus zu Besuch war und man nach dem Abendessen beisammen im Salon saß, stand Carl plötzlich auf, holte sich ein Buch und setzte sich unter das im Salon stehende Klavier. Mein Vater, ganz erstaunt, fragte ihn, warum er sich unter das Klavier setze, worauf er zur Antwort gab: „Weil es der einzige Platz im Zimmer ist, wo es nicht zieht."

Die zweite Geschichte: Als er einmal mit seiner Frau in Rom war und allein die Kunstwerke besichtigte, blieb er vor dem Palazzo Venezia, in dem Mussolini residierte und vor dem zwei Carabinieri wachten, stehen und schaute die Fassade so lange an, bis die Carabinieri ihn auf Italienisch aufforderten, weiterzugehen, weil man dort nicht stehenbleiben durfte. Carl blieb stehen. Daraufhin forderten sie ihn auf französisch auf, weiterzugehen. Er blieb wieder stehen. Dann auf englisch. Wieder erfolglos. Schließlich auf deutsch. Obwohl Carl alle diese Sprachen fließend beherrschte, half auch das nichts. Daraufhin wurde er auf die Polizeiwachstube abgeführt. An diesem Abend war er mit seiner Frau zu einem Abendessen eingeladen. Sie wartete und wartete auf ihn, bis sie schließlich erfuhr, daß er auf der Polizeiwachstube saß. Sie holte ihn dort ab und fragte ihn ganz erstaunt und erbost, warum er denn nicht weitergegangen sei. Seine Antwort: „Ich habe gewartet, bis sie mich tschechisch anreden."

Nach dem Dinner sprach ich praktisch die ganze Zeit mit der Prinzessin und war sehr beeindruckt von ihr. Sie sagte mir, sie könne nicht die Ansichten ihres Mannes teilen. Sie denkt, daß die Tschechen große Fehler gemacht haben und daß sie nette, einfache Leute sind, die auf vollkommen falsche Art und Weise zu diesem arroganten Nationalismus verführt wurden. Sie hielt nicht viel vom Nazismus. Ihr Vater war eingesperrt gewesen, aber nicht schlecht behandelt worden. Er war Monarchist, hatte allerdings offensichtlich niemanden denunziert, noch war er sonst irgendwie aktiv gewesen, und er wurde dann bald entlassen. Sie war unglücklich über Österreich. Sie sagte, Schuschnigg sei in einem kleinen Raum ganz oben in einem Wiener Hotel untergebracht, immer bewacht von zwei Männern, keine Bücher, keine Schreibwerkzeuge, und seine Frau (ich nehme also an, er hat diese Frau geheiratet) dürfe ihn nur alle vierzehn Tage für zehn Minuten sehen (oder jede Woche). Er soll durch diese Behandlung völlig mit den Nerven fertig sein.

18. September 1938:
Sonntag, wundervoll schön. Nachmittag mit Josl und Theresel nach Teplitz zu den Clarys, wo wir ein paar angenehme Stunden verbringen – man sucht heute Anschluß bei Freunden. Der ameri-

kanische Botschafter in Brüssel, Hugh Bibson, ist auch dort. Sehr ernste und nicht besonders trostreiche Gespräche. Abends am Radio erfahren wir, daß das sudetendeutsche Freikorps, 40.000 Mann stark, in Deutschland formiert wurde. Die tschechoslowakische Regierung lehnt die Eventualität eines Plebiszits ab – wird das Land noch so lange in Ruhe bleiben, bis die englischen und französischen Staatsmänner, die heute in London tagen, einen Beschluß fassen und dann Chamberlain wieder zu Hitler fährt?

18. September 1938:
Stopford sagt, daß der britische Außenminister will, daß wir zurückkommen. So wurde unser Besuch formlos abgebrochen, bevor ich noch etwas von diesem schönen Ort sehen konnte, und wir packten innerhalb einer Stunde.

Wir fuhren zur Delegation und trafen Stopford dort. Er sagte, der Minister habe gehört, daß die Tschechen die Mobilisierung planen und den Rat Englands und Frankreichs einholen wollen.

Bevor wir abreisten, war es dem Minister ein Anliegen, uns zu erzählen, daß der französische Minister angerufen hatte, sehr beunruhigt über meine Abreise, da er wollte, daß Walter zurückkommen solle. Er war offensichtlich voll des Lobes über Walters Erfolg, durch den er das Vertrauen und den Respekt von jedermann gewonnen hat, und niemand sonst hatte solchen Einfluß auf Benes. Armer Mann, ich denke, er sah bereits voraus, daß es eine schwierige Aufgabe werden würde, die Tschechen zum Nachgeben zu überreden.

19. September 1938:
Es verlautet, daß die gestrige Konferenz in London der englischen und französischen Staatsmänner sich darauf geeinigt haben soll, der Tschechoslowakei die Abtretung deutscher Bezirke an das Deutsche Reich nahezulegen. Wir alle haben große Angst vor inneren Unruhen, falls die tschechische Öffentlichkeit diese Bedingun-

gen nicht annehmen würde, aber auch vor Ausschreitungen der Kommunisten ... Wir essen auf der amerikanischen Gesandtschaft bei Mr. und Mrs. Carr. Das Gerücht von der Abtretung bekommen wir auch dort zu hören, allerdings nichts Authentisches.

Der Ministerrat in Prag tagt eben in dieser Stunde, und es wird derzeit noch alles geheimgehalten. Der Gesandte Carr ist sehr lieb und teilnahmsvoll in unseren Sorgen. Dann noch auf die Schweizer Gesandtschaft zu Menage Bruggmann, mit denen wir besprechen, was wir mit den Kindern machen sollen ... Josl wird übermorgen mit Therese und Rudi nach Wien fahren, Theresel weiter in die Schweiz bringen in das Institut nach Teufen, wo sie schon am fünfzehnten eintreten soll. Bruggmann sagt, daß eine Kriegsgefahr derzeit nicht mehr zu befürchten sei, da die Westmächte sich zur Empfehlung der Abtretung entschlossen haben. Der deutsche Sender führt eine unerhört scharfe und drohende Sprache. Abends sprechen sudetendeutsche Führer in Dresden auf das schärfste. Die endgültige Lösung dürfte nach allgemeinem Gefühl kaum mehr länger als achtundvierzig Stunden auf sich warten lassen ... Erschöpft und voll Sorgen um halb sechs nach Petersburg zurückgekehrt.

Lady Runciman und Mrs. Peto sind gestern nach London abgereist, die Mission ist scheinbar zu Ende.

20. September 1938:
In Prag verhandeln die Minister über die Antwort an Frankreich und England; es scheint, daß diese Mächte die Abtretung der deutschen Gebiete verlangen. Chamberlain soll morgen wieder zu Hitler fahren und wird bis dahin die tschechoslowakische Antwort in London und Paris erwartet. Mit der Zerreißung unseres Landes ist also so gut wie sicher zu rechnen, und es scheint, daß die Tschechoslowakei von ihren Verbündeten Frankreich und England geopfert wird ... Die Zeitungen sind voll von tiefer Depression, und an einen kriegerischen Widerstand denkt wohl niemand mehr ...

21. September 1938:
Die Regierung hat die Antwortnote an England und Frankreich abgesandt, nachdem heute früh die Gesandten dieser Staaten bei Benes waren, um ihn zu drängen, daß Hitlers Bedingungen angenommen werden müssen, nachdem Frankreich erklärt hatte, daß es im Kriegsfall uns nicht beistehen würde – dasselbe soll auch Sowjetrußland erklärt haben. Es hat sich also die Regierung zur Abtretung der deutschen Gebiete an das Deutsche Reich bereit erklärt! Wenn auch dadurch die Kriegsgefahr vielleicht beseitigt ist, bin ich durch diese Nachricht erschüttert. Meine liebe Josl und ich weinen darüber, daß unser geliebtes Land zerrissen werden soll. Das also ist die Frucht zwanzigjähriger schlechter und verbohrter Politik gegen die Nationalitäten und vor allem der entsetzlichen Außenpolitik, welche sich mit allen unseren Nachbarn verfeindete und zu Freunden Frankreich und Sowjetrußland hatte ... Frankreich, das uns angeblich unterstützte, hat uns sitzen gelassen, und eigentlich hat nicht Hitler, sondern Frankreich und England das Ultimatum gestellt. Ungarn und Polen werden wohl auch ihre Forderungen stellen. Sehr eindringlicher Aufruf der Regierung, Ruhe und Ordnung zu halten.

Nachdem wir den Flug gut hinter uns gebracht hatten, erzählte mir Walter alle seine Neuigkeiten.

Wir wurden mit dem Auto geradewegs in die Downing Street gebracht. Neville (Chamberlain) kam kurze Zeit später an. Am Samstag war er die ganze Zeit, vormittags und nachmittags, im Ministerium, dazwischen aß er zu Mittag mit dem König allein, sehr freundlich und sehr gut informiert über die Position, aber gedünstete Birnen mit Senf klingen nicht gerade nach königlicher Verpflegung!

Im Ministerium berichtete Neville offensichtlich lange und detailliert über seinen Besuch bei Hitler. Anscheinend war Hitler sehr freundlich, und er war gut empfangen worden. Die Deut-

schen schienen begeistert, ihn zu begrüßen. Hitler und er gingen als Freunde auseinander.

Der Fehler, den Neville machte, war, daß er zu Hitler fuhr, bevor er Walters Argumente und Ansichten angehört hatte. Hätte er gewußt, daß Walter die Abtretung empfohlen hat, hätte er nicht so überstürzt zu Hitler fahren müssen.

Als Chamberlain zu Hitler nach Godesberg mit dem englisch-französischen, von den Tschechen akzeptierten Plan zur Abtretung des Sudetenlandes zurückkehrte, war er wieder konfrontiert mit einem Ultimatum Hitlers, die sofortige Abtretung zu fordern. Chamberlain gab am Dienstag eine Erklärung im Rundfunk ab, welche offensichtlich bei verschiedenen Leuten einen unterschiedlichen Eindruck hinterließ. Ich verstand sie so, daß er sich nicht am Krieg beteiligen würde, um Tschechien zu helfen, sondern nur, wenn sich eine Macht anschicken sollte, die ganze Welt zu „dominieren". Und er endete damit, zu sagen, daß, solange ein Krieg nicht begonnen habe, er verhindert werden könne.

Es ist dies der alte Grundsatz englischer Außenpolitik, den Churchill Ende März 1936 vor dem konservativen Parlamentskomitee für Auswärtige Angelegenheiten formuliert hat: Danach sei es der außenpolitische Grundsatz, daß sich Großbritannien stets der beherrschenden Großmacht auf dem Kontinent entgegenstelle und daß sich diese Politik Englands nicht danach richte, welche Nation die Herrschaft über Europa anstrebe. Er sagte: „Es handelt sich nicht darum, ob es Spanien ist oder die französische Monarchie oder das deutsche Kaiserreich oder das Hitlerregime. Es handelt sich nicht um Machthaber oder Nationen, sondern lediglich darum, wer der größte oder potentiell dominierende Tyrann ist. Wir sollten uns daher nicht vor der Beschuldigung fürchten, daß wir eine pro-französische oder anti-deutsche Einstellung hätten. Wenn die Verhältnisse umgekehrt wären, könnten wir ebensogut deutsch-freundlich und anti-französisch sein." Deutlicher kann man das eigentliche – und nicht das angebliche und vorgegebene – Kriegsziel wohl nicht formulieren. Es richtet sich nicht gegen Hitler oder die „Nazibarbarei", sondern gegen Deutschland, mit oder ohne Hitler.

Ganz in diesem Sinne lautet das Eingeständnis der englischen Sonntagszeitung „Sunday Correspondent" im September 1989: „Wir sind 1939 nicht in den Krieg eingetreten, um Deutschland vor Hitler oder die Juden vor Auschwitz oder den Kontinent vor dem Faschismus zu retten. Wie 1914 sind wir für den nicht weniger edlen Grund in den Krieg eingetreten, daß wir eine deutsche Vorherrschaft in Europa nicht akzeptieren können" (zitiert in der „FAZ" vom 17. September 1989).

22. September 1938:
In Prag große Volksversammlung beim Parlament. Redner aller Parteien sprechen dort. Es verläuft alles ruhig. Alle Zugänge zum Hradschin sind mit einer Unzahl von Polizisten abgesperrt. Ungeheure Konsternation über die gestrige Nachricht. Die Regierung erläßt unaufhörlich Appelle, Ruhe zu bewahren. Das Kabinett Hodza ist zurückgetreten. Man kann aber nicht erfahren, wer mit der Regierungsbildung betraut wird. Ich soll um ein Uhr im Alcron mit Mr. Stopford essen, dem letzten Überbleibsel der Runciman-Mission. Er kommt aber nicht, da er von der Gesandtschaft nicht abkommt, und so esse ich allein. Vor 3 Uhr gehe ich mit Josl zur englischen Gesandtschaft, um Stopford herauszuholen. Wir werden zum Gesandten Newton gebeten, wo wir Stopford und sämtliche Herren der Gesandtschaft finden. Trübe Stimmung. Man weiß nicht, was die Zukunft bringen wird. Man meint, daß die Kriegsgefahr abgewendet ist, falls nicht Hitler einen Gewaltstreich macht. Chamberlain kommt heute nachmittag nach Godesberg, wo die Konferenzen mit Hitler aufgenommen werden.

Wir hören abends Nachrichten: Das neue Kabinett ist gebildet, Generalinspektor Syrovy Ministerpräsident und Landesverteidigung, Krofta wie bisher Äußeres, Cerny wie bisher Inneres, Kalfus wie bisher Finanzen, sonst lauter neue Leute, meist Beamte – eine allnationale Regierung. Die Parteien haben alle ihre Loyalität gegen die Regierung erklärt. Aufruf Benes' zur Beibehaltung der Ruhe. – In Godesberg haben Chamberlain und Hitler heute über drei Stunden konferiert, morgen früh wird die Besprechung fortgesetzt. Das Kommunique darüber ist äußerst reserviert und nicht gerade optimistisch. Man spricht von einer internationalen Kommission, welche die neuen Grenzen festsetzen soll – ob das wohl Hitler annehmen wird? Chamberlain scheint darauf gedrückt zu haben, daß Ungarn und Polen nicht auch Ansprüche stellen sollen, um die Situation nicht noch mehr zu erschweren. – Aus Prag immer wieder Aufrufe zur Ruhe; wie man hört, ist im Volk die Empörung gegen Frankreich und England, speziell gegen ersteres, groß. Es ist nur zu hoffen, daß die Armee nicht eine Extrapolitik machen und sich extra gegen Gebietsabtretungen wehren wird. Das würde den Krieg und den Selbstmord des Staates bedeuten. Meine Sorgen wachsen täglich, und die Nervenanspannung ist bald nicht mehr zum Aushalten.

23. September 1938:
Vormittags in der Kanzlei zu den Beamten gesprochen, die alle furchtbar niedergedrückt sind.

Um halb elf hören wir am Radio die erschütternde Nachricht, daß die allgemeine Mobilisierung verkündet ist. Gott stehe uns bei!!! Ich fahre noch in der Nacht nach Petersburg mit Karl-Eugen. Wir kommen nach Mitternacht an, in den Dörfern stehen Mengen von Menschen herum.

24. September 1938:
Früh gegen 9 h fahre ich per Auto nach Pilsen, was meine Kriegsbestimmungsstation ist (mein Vater war Offizier im Ersten Weltkrieg gewesen). Ich melde mich um 10 h beim Kommando der Pferdeevidenz, wo mir gesagt wird, daß man bis auf weiteres keine Verwendung für mich hat. Dann ins Monturdepot, wo ich eine Commisuniform ausfasse, danach ins Platzkommando wegen Bewohnung. Ich quartiere mich im Hotel Smitka ein, dann fährt um halb zehn das Auto nach Petersburg zurück, dem ich wehmütig nachschaue.

Abends ist Pilsen gänzlich verdunkelt.

25. September 1938:
Vormittag wieder zur Pferdeevidenz, wo mir gesagt wird, ich brauche mich erst morgen nachmittag zu melden, und ich die Erlaubnis bekomme, nach Hause zu fahren. Man hat heute alle Radioapparate abliefern müssen; ich verlange meinen für heute abends von der Gendarmerie zurück, was mir als Offizier gleich gewährt wird. Schrecklich ist, daß man gestern früh zehn Männer von Petersburg verhaftet und als „Geiseln" angeblich nach Rakonitz gebracht hat. Man scheint diese Maßnahme in den meisten deutschen Orten ergriffen zu haben. In der Landwirtschaft sind beinahe alle Verwalter, Schaffer etc. eingerückt, außerdem Pferde, Autos, alle Chauffeure – wie soll der Betrieb aufrechterhalten werden?

26. September 1938:
Die ganze Nacht sind Kolonnen von militärischen Lastautos, Tanks und Panzerwagen auf der Karlsbader Straße zurück gegen Prag und durch Petersburg (das an der Karlsbader Straße liegt) gegen Pilsen gefahren – soll man das als Zeichen der Entspannung deuten? Die Antwort der tschechoslowakischen Regierung

auf das Memorandum von Godesberg wurde gestern gegen Abend in London überreicht. Diese Nachricht wird ohne jeden Kommentar gegeben. Abends am Radio die Rede von Hitler angehört, die voll stärkster Angriffe gegen Benes ist, aber die Hoffnung auf den Frieden nicht begräbt. Er verlangt nicht mehr, als bereits vor einigen Tagen von der tschechoslowakischen Regierung zugesagt wurde.

26. September 1938:
Am Montag, bevor Hitler seine Rede hielt, in der er Benes scharf attackierte, aber sich Frankreich und England gegenüber nicht feindselig äußerte, verkündete er: „Keine weiteren Gebietsansprüche in Europa." Er verlangte jedoch, daß „seine" Sudetendeutschen <u>*sofort*</u> *befreit werden müßten.*

Auch Mr. Roosevelt hat eine Nachricht an Hitler und Benes gesandt, worin er auf eine Regelung durch friedliche Verhandlungen drängt.

Chamberlain schrieb ebenfalls an Mussolini und berichtete ihm darüber (gemeint ist die Münchener Konferenz der „Großen Vier") *in der Hoffnung, er würde bei einer solchen Konferenz dabeisein. Mussolini reagierte sofort darauf und bat seinen Botschafter in Berlin, Hitler möglichst bald aufzusuchen und auf Aufschub zu drängen. Chamberlain gab dann bekannt, daß er von Hitler eine Einladung erhalten habe, ihn in München zu treffen, und daß Daladier* (französischer Premierminister) *und Mussolini ebenfalls eingeladen seien.*

Neville Chamberlain begann seine Rede mit einer kurzen Zusammenfassung von Walters Bericht und erklärte dann, was er alles getan und versucht hatte: in etwa so, wie ich es aufgeschrieben habe. Als er darauf zu sprechen kam, daß zu dieser Stunde Hitler die drei Staatsmänner nach München eingeladen hatte, spielten sich im Haus Szenen unbeschreiblicher Freude und Begeisterung ab – so wurde uns berichtet.

27. September 1938:
Nachmittags wieder zum Kommando, es werden die Gruppen von Chargen und Soldaten zusammengestellt, welche von Offizieren kommandiert werden, darunter eine unter meinem Kommando. Der Zweck wird uns nicht verlautbart, es sickert aber durch, daß wir Pferdeevakuierungskommissionen bilden werden, welche im Ernstfall in Tätigkeit treten sollen.

28. September 1938:
Der überaus nette Kommandant, ein Stabskapitän, schickt mich heute per Auto mit einem dienstlichen Auftrag nach Jechnitz (Dorf unweit Petersburg), mit der Erlaubnis, in Petersburg zu übernachten und mich erst morgen früh um halb neun Uhr wieder zu melden. Ich habe ihm von meiner großen Sorge erzählt, Karl-Eugen in Petersburg zu wissen, was knapp hinter der Feuerlinie liegt. Es haben auch mir gestern verschiedene Offiziere dringend geraten, Karl-Eugen wegzunehmen, da Petersburg sehr gefährdet sei, falls es zum Krieg kommt. Ich habe mit Karl Palffy besprochen, Karl-Eugen zu holen und ihn nach Breznic zum Vater Hans Palffy zu bringen, wo es verhältnismäßig sicher ist. Um halb elf Uhr fahre ich weg, erledige in Jechnitz bei der Gendarmeriestation meinen dienstlichen Auftrag und bin vor zwölf Uhr in Petersburg, wo es herrlich schön ist. Man ist ziemlich besorgt, da an der Aufnahmestellung in Mokotil (Dorf unweit Petersburg) fieberhaft gearbeitet wird. Ich bespreche mit Karl-Eugen, daß ich ihn morgen mitnehmen werde. Nachmittag Unterredung mit dem Gendarmeriewachtmeister und mit dem Direktor Theu. Wunderbarer Spaziergang mit Karl-Eugen im Tiergarten. Diese ruhigen Herbsttage sind einzig schön. Gegen Abend Unterredung mit Dr. Theu und Pospisil, die recht pessimistisch sind. Viele Truppen, Autos, etc. sind in den letzten Nächten in Richtung Prag und Pilsen gefahren, was als Zeichen gewertet werden kann, daß das Grenzgebiet geräumt wird. Außerdem scheint es mir, daß,

wenn wirklich in zwei Tagen der Krieg ausbrechen sollte, das Gebiet hier um Petersburg mit Soldaten überfüllt sein müßte, was nicht der Fall ist. Ich packe Schmuck und Wertsachen ein, die ich in Breznic deponieren will. Überdies gebe ich den Auftrag, daß die restlichen Gobelins, Bilder, Wertgegenstände, auch Kleider, dann Silber usw. in Kisten und Koffer verpackt und dann nach Huberti (eines unserer Reviere) geschafft werden. Einiges soll im schlimmsten Falle dann noch im Keller des Schlosses aufbewahrt werden.

Vor dem Souper kommt im Radio die Nachricht, daß Hitler die drei Staatsmänner Chamberlain, Daladier und Mussolini für morgen zu einer Konferenz nach München eingeladen hat und daß dieselben angenommen haben. Das ist ein großer Hoffnungsstrahl, denn es ist kaum anzunehmen, daß diese vier Staatsmänner auseinandergehen werden, ohne zu einer friedlichen Lösung gekommen zu sein. Können wir also doch noch auf Frieden hoffen? O Gott, habe Erbarmen mit uns!

Daß die drei Staatsmänner die Einladung zu der Konferenz nach München angenommen haben, beruht weitgehend (wenn nicht ausschließlich) auf dem Bericht, den Lord Runciman im Auftrag der britischen Regierung nach wochenlangen Recherchen und Konsultationen in der Tschechoslowakei erstellt hatte. In diesem ausführlichen Situationsbericht kam Runciman zu folgendem Schluß:

„Für mich ist es völlig klar geworden, daß diese Grenzbezirke zwischen der Tschechoslowakei und Deutschland (das Sudetenland, Anm.) unverzüglich das Recht völliger Selbstbestimmung erhalten müssen. Falls eine Abtrennung unvermeidlich wird – und ich glaube, daß dem so ist –, dann ist es besser, wenn sie raschestens und ohne Aufschub stattfindet ... Der einzig mögliche Weg liegt in der Anerkennung des Selbstbestimmungsrechtes der Völker, und es ist künftig vergeblich, zu hoffen, daß Sudetendeutsche und Tschechen zusammenarbeiten können."

29. September 1938:
In der Früh vor sieben Uhr kommt der Kammerdiener leichenblaß zu mir und meldet mir, daß soeben der Zimmerwärter Steinbach von einer Militärpatrouille herausgeholt und verhaftet wurde. Im Vorzimmer steht die Frau Steinbach schluchzend. Steinbach hat sich nie politisch betätigt und scheint es sich bei dieser Verhaftung wie bei so zahlreichen Fällen in der ganzen Gegend um Geiseln zu handeln. Ich gehe um halb sieben Uhr zum Gendarmeriekommando, der Wachtmeister zuckt mit den Achseln und sagt, dies sei von der Militärbehörde angeordnet.

Ich fahre um sieben Uhr früh mit dem Auto weg. Knapp hinter Petersburg fahren wir dem Lastauto mit den Gefangenen vor, die von Soldaten bewacht sind. Es sind drinnen Steinbach, der Schweizer Zecha, der Elektriker Kalmert und noch andere. Ich winke den armen Teufeln zu, die todtraurige Gesichter machen. In Petersburg ist so gut wie kein Mann mehr. Was noch da ist, zittert vor weiteren Verhaftungen.

Gestern abend am Radio wirklich beruhigende Nachrichten. Morgen zu Mittag tritt in München die welthistorische Konferenz zusammen, die eine friedliche Lösung bringen soll. Chamberlain, Daladier, Mussolini und Hitler werden beraten. Also die vier Großen von Europa. Dadurch erscheint der Frieden wohl gesichert.

30. September 1938:
Früh in die Kaserne. Die Mannschaft gemustert. Dann kein Dienst. Geschrieben, gelesen. Nachmittags um halb drei Uhr wird uns Offizieren vorgetragen, was unsere Bestimmung wäre, wenn unsere Kommissionen in Tätigkeit gesetzt würden. Wir hätten in den Grenzgebieten Pferde zu evakuieren. Zum Glück kommt es nicht dazu. Um fünf Uhr gehen alle Offiziere in die Offiziersmesse, wo am Radio der Ministerpräsident Syrovy und der Armeekommandant Krejci sprechen und der Armee mitteilen, daß unter dem

Druck der Großmächte die Tschechoslowakei die Bedingungen des gestrigen Münchner Abkommens angenommen hat und die deutschen Gebiete an das Deutsche Reich abtritt. Die Armee soll Ruhe und Ordnung halten. Das Volk soll Disziplin bewahren und das schwere Opfer tragen, welches zur Erhaltung des Weltfriedens gebracht werden mußte. So wird nun unser schönes Land zerrissen. So weit haben es unsere Politiker gebracht. Am Radio gehört, daß die Besetzung morgen beginnt und in fünf Etappen durchgeführt wird. Eine Zone wird von internationalem Militär besetzt und wird dort ein Plebiszit stattfinden. Allem Anschein nach dürfte Petersburg in die Plebiszitzone fallen. Der Frieden ist gerettet. Dafür sei Gott tausendmal gedankt. Aber was für schwere Probleme und Entscheidungen stehen uns allen jetzt bevor?

An dieser Stelle möchte ich zwei Richtigstellungen der im offiziellen Geschichtsbild verfälschten historischen Wahrheit geben. Zunächst zum Sudetenland:

Die herrschende Meinung über die Münchener Konferenz kommt am deutlichsten im sogenannten „Nachbarschaftsvertrag" vom 1. Dezember 1992 zwischen der Bundesrepublik Deutschland und der Tschechoslowakei zum Ausdruck. Denn dort heißt es schon in der Präambel wörtlich, daß das Münchener Abkommen vom 29. September 1938 der „tschechoslowakischen Republik durch das nationalsozialistische Regime unter Androhung von Gewalt aufgezwungen wurde". Deshalb konnte nach dem Krieg die Gültigkeit dieses Abkommens rückwirkend, ab dem Zeitpunkt der Münchener Konferenz, annulliert werden, da ein Abkommen oder ein Vertrag, der durch Androhung von Gewalt zustande kommt, nach internationalem Recht von vornherein ungültig ist, und zwar nach der „clausula rebus sic stantibus", derzufolge ein Vertrag nicht abgeschlossen worden wäre, hätten die Vertragspartner von den anfechtbaren Bedingungen gewußt.

Die Hinnahme einer solchen Bewertung des Münchener Abkommens wirft die Frage auf, ob dessen Text deutscherseits eigentlich gelesen wurde und die Vorgeschichte überhaupt bekannt war. Denn wer die geschichtlichen Fakten kennt, weiß, daß diese Bewertung historisch falsch ist. Die seinerzeitige tschechoslowakische Regierung war am Zustandekommen des Abkommens maßgebend beteiligt, heißt es doch schon im Einleitungssatz: „Deutschland, das Vereinigte Königreich, Frankreich und Italien sind unter Berücksichtigung des Abkommens, das hinsichtlich der Abtretung des sudetendeutschen Gebietes grundsätzlich erzielt wurde ..." Das Abkommen wurde also bereits vor München grundsätzlich erzielt. Es basiert auf dem zwischen Prag und London bzw. Prag und Paris geführten Notenwechsel vom 19. und 21. September 1938. Darin hatten England und Frankreich der tschechoslowakischen Regierung dringend empfohlen, das deutsch besiedelte Gebiet der Tschechoslowakei an das Deutsche Reich abzutreten. Eine dringende Aufforderung, welche die Prager Staatsführung unter Beneš am 21. September 1938 angenommen hat; eine Woche vor München. Grundlage dieser dringenden Empfehlung war der Runciman-Bericht.

Da – wie schon gesagt – die Prager Regierung die Aufforderung zur Abtretung des Sudetenlandes bereits eine Woche vor München angenommen hatte, ist es falsch, zu behaupten, die Abtretung sei erst dort beschlossen worden. In München wurde nicht die Abtretung beschlossen, sondern die Durchführungsmodalitäten und der Zeitplan wurden festgelegt. So heißt es im Punkt 2 des Münchener Vertrages: „Das Vereinigte Königreich, Frankreich und Italien vereinbaren, daß die Räumung des Gebietes bis zum 10. Oktober vollzogen wird, und zwar ohne Zerstörung irgendwelcher bestehender Einrichtungen." Die Abtretung des Sudetenlandes war somit völkerrechtlich gedeckt und daher wirksam. Durch die nachträgliche Annullierung des Münchener

Abkommens konnte sie daher nach Völkerrecht nicht aufgehoben oder rückgängig gemacht werden, sondern nur nach Siegerrecht. Demnach beruht der Nachbarschaftsvertrag vom 1. Dezember 1992 zwischen der Bundesrepublik Deutschland und der Tschechoslowakei auf einer geschichtlichen Unwahrheit. Daher ist die 1945 erfolgte Wiedereingliederung des Sudetenlandes nach geltendem Völkerrecht strenggenommen das, was man „Landnahme" oder „Landraub" nennt.

Bis zur Besetzung der „Resttschechei" am 15. März 1939 konnte Hitler seine außenpolitischen Aktionen mit dem begründeten Hinweis auf das Selbstbestimmungsrecht der Völker, den Wunsch der betroffenen Bevölkerung sowie die Zustimmung der Westmächte rechtfertigen. Erst für den Einmarsch in Prag und die Besetzung Böhmens und Mährens gab es diese Rechtfertigung nicht mehr, womit Hitlers Schritt ein Akt völkerrechtlicher Aggression war. Das Münchener Abkommen und der Anschluß des Sudetenlandes aber standen ganz eindeutig im Einklang mit dem Selbstbestimmungsrecht der Völker.

Ebenso falsch ist die Darstellung des Reichsprotektors von Böhmen und Mähren, Reinhard Heydrich (der Halbjude war), als „Bluthund von Prag". Das war er keineswegs. Denn er war es, der die von Miksche beschriebenen Zustände (siehe S. 43) und insbesondere die für die tschechischen Arbeiter so überaus positiven Arbeitsbedingungen und Sozialleistungen schuf. Nachdem er ermordet worden war, kamen zu seinem Begräbnis, welches in einem langen Zug über den Wenzelsplatz führte, hundert- bis hundertfünfzigtausend Arbeiter mit Blumen, die sie auf den Sarg legten. Man kann wohl ein paar Arbeiter, vielleicht hundert oder hundertfünfzig, zu einem Begräbnis zwangsweise abkommandieren, aber niemals eine so enorme Zahl. Das ist unmöglich.

Heydrich hat all das gewiß nicht aus Liebe zu den Tschechen getan, sondern weil er genau wußte, daß man die tschechischen

Arbeiter nur so zu einer hundertprozentigen Kollaboration bringen konnte, was ihm auch gelang. Denn es gab nirgends, in keinem Betrieb, auch nur einen Sabotageakt. Und das nicht etwa, weil hinter jedem Arbeiter ein SS-Mann stand, um ihn zu bewachen, sondern weil die tschechischen Arbeiter ganz zuverlässig und brav für die deutschen Okkupanten arbeiteten.

30. September 1938:
Archie Sinclair und Attlee (späterer englischer Premierminister) *sind schlecht informiert und sehr ungerecht in ihrer Kritik, die tatsächlich darauf hinausläuft, zu sagen, wenn Ihr ein bißchen mehr geblufft hättet, hätte Deutschland nicht gewagt anzugreifen. Sie erkennen nicht das Risiko eines Weltkrieges. Sie alle haben die Ungerechtigkeiten an den Sudetendeutschen vergessen, daß die Tschechoslowakei ein künstliches Gebilde ist, die Fehler ihrer Regierung, und vor allem denken sie nicht daran, daß keine Hilfe von außen das Land vor einem Einmarsch Hitlers gerettet hätte.*

Ich jedoch kann für meinen Teil nicht verstehen, warum sich die Leute so fürchten. Denn was sich ganz klar zeigt, ist, daß keine der Großmächte – England, Frankreich, Deutschland oder Italien – Krieg will.

Damit enden die Aufzeichnungen von Lady Runciman betreffend die Mission ihres Mannes.

Dieses „künstliche Gebilde“ stellte nach Hitlers Worten „einen auf Deutschland gerichteten Flugzeugträger“ dar. Eine Behauptung, die im Hinblick auf die geographische Lage der Tschechoslowakei und ihr Bündnis mit der Sowjetunion sowie auf die ihr zugedachte Rolle in einem Krieg gegen Deutschland nicht aus der Luft gegriffen war. Überlegungen dieser Art waren es, die Hitler am 15. März 1939 Böhmen und Mähren besetzen ließen. Die

Rest-Tschechoslowakei, wie sie nach der Abtretung des Sudetenlandes übriggeblieben war, hat er damit allerdings nicht zerschlagen, da sie einen Tag bevor seine Truppen einmarschierten – also am 14. März 1939 – völkerrechtlich bereits zu existieren aufgehört hatte, nachdem Landtag und Regierung der Slowakei unter ihrem damaligen Regierungschef Monsignore Tiso (der nach dem Krieg unter Beneš hingerichtet wurde) in Preßburg die Unabhängigkeit des Landes von Prag bekundet und sie als selbständigen Staat „unter den Schutz des Großdeutschen Reichs" gestellt hatten. In unmittelbarer Folge wurde die Slowakei von mehreren Staaten als völkerrechtliches Subjekt anerkannt. So gab bereits am 16. März die polnische Regierung eine Erklärung ab, daß sie „ihre Befriedigung über die Proklamation der Unabhängigkeit der Slowakei ausdrückt" und den „selbständigen slowakischen Staat anerkennt". Auch die ungarische Regierung überreichte am gleichen Tag eine Note, in der ebenfalls die völkerrechtliche Anerkennung der „selbständig gewordenen slowakischen Regierung" zum Ausdruck gebracht wurde. Weitere Länder anerkannten die Slowakei als selbständigen, souveränen Staat, darunter die Sowjetunion, die Schweiz und der Vatikan. England und Frankreich nahmen das Geschehen, im Unterschied zur Errichtung des Protektorats, widerspruchslos und stillschweigend hin, was praktisch einer De-facto-Anerkennung gleichkam. Wenn so viele und gewichtige Staaten die Selbständigkeit der Slowakei anerkannt bzw. ihre Existenz als selbständiger Staat hingenommen haben, kann es ab 14. März 1939 folgerichtig keine „Tschechoslowakische Republik" mehr gegeben haben, die Hitler hätte zerschlagen können.

Wie so manche historische Unwahrheit und Propagandalüge hat sich auch diese bis heute hartnäckig gehalten, wofür wiederum der sogenannte „Nachbarschaftsvertrag" zwischen Deutschland und der Tschechoslowakei aus dem Jahre 1992 bezeichnend ist. In dessen Präambel findet sich folgende Formel: „.... in Anbetracht der Tatsache, daß der tschechoslowakische Staat seit 1918 nie zu bestehen aufgehört hat ..." Damit soll offenbar suggeriert werden, daß die Ereignisse von 1939 völkerrechtlich nichtig seien und ein selbständiger slowakischer Staat nie existiert habe. Nur in dieser historisch falschen Auslegung kann von einem dauernden Weiterbestehen der Tschechoslowakischen Republik während der Kriegsjahre 1939 bis 1945 ausgegangen werden. Man muß sich tatsächlich fragen: Ist es Unwissenheit oder Unterwürfigkeit, die deutsche Politiker zu einer solchen Formel veranlaßt hat? „Lernen Sie Geschichte!" sagte Kreisky einst zu einem Journalisten. Das gleiche sollte den Politikern gesagt werden.

5. Oktober 1938:
Was hätte man aus diesem braven Volke (den Tschechen) machen können, was für ein Paradies hätte unser Land sein können mit seinen verschiedenartigen Nationalitäten, wenn es nicht durch 20 Jahre so verbrecherisch regiert worden wäre.

Auch an dieser Stelle muß ich meinem Vater ganz entschieden widersprechen: Die Grausamkeiten, die die Austreibung der Sudetendeutschen begleiteten, wurden von einem großen Teil der tschechischen Bevölkerung hingenommen und beklatscht. In Prag wurden verwundete deutsche Soldaten mit den Füßen an Laternenpfähle gehängt, mit Benzin übergossen und von der johlenden Bevölkerung in lebendige Fackeln verwandelt. Unvorstellbare Verbrechen an unschuldigen Männern, Frauen und sogar kleinen Kindern gab es überall im Land, 272.000 Menschen fielen diesem Wüten zum Opfer. Bis heute weigert sich die überwältigende Mehrheit der Tschechen, diese Schuld einzugestehen oder gar wiedergutzumachen. Dieser beispiellose Gewaltausbruch zeigt einen wenig sympathischen Charakterzug: Hinterhältige

Liebdienerei gegenüber Stärkeren und Grausamkeit gegenüber allen, die sich nicht wehren können. Insgesamt sind die Tschechen wohl nicht besser oder schlechter als andere Völker auch, ihre absolute Unwilligkeit, sich den negativen und bösartigen Seiten ihrer Geschichte zu stellen, macht es mir aber unmöglich, zu einer ähnlich guten Meinung wie mein Vater zu kommen.

Beneš war der entscheidende Initiator und theoretische „Begründer" der Vertreibung von rund drei Millionen Sudetendeutschen. Diese Vertreibung war für ihn eine „notwendige Operation", wie er sagte, radikal, aber gesundend, die eine Generation betraf, aber für die nachfolgenden Generationen zusehends belangloser werden wird. Man hat einen Konfliktherd ein- für allemal ausgemerzt.

Am 27. November 1943 wandte sich Beneš als Haupt der im Londoner Exil lebenden tschechischen Regierung über BBC an die im Protektorat lebenden Tschechen mit den Worten: „In unserem Land wird das Ende des Krieges mit Blut geschrieben werden. Den Deutschen werden wir ohne Gnade um ein Vielfaches zurückzahlen, was sie an unserem Land seit 1938 begangen haben. Die ganze Nation wird in diesen Kampf verwickelt sein. Es wird keinen Tschechoslowaken geben, der an dieser Aufgabe nicht teilnehmen wird, und es wird keinen Patrioten geben, der nicht gerechte Rache nehmen wird für das Leiden, das die Nation erfahren hat." Zwei Wochen später veröffentlichte Beneš diese Rede in der angesehenen britischen Monatsschrift „The Central European Observer".

Schon drei Wochen zuvor, am 3. November 1943, hatte der Befehlshaber der tschechoslowakischen Streitkräfte im Ausland, General Ingr, über den Londoner Rundfunk einen Aufruf erlassen, in dem es heißt: „Wenn unsere Stunde kommt, dann wird die gesamte Nation den alten Kampfruf der Hussiten ausstoßen: ‚Schlagt sie, tötet sie, laßt niemanden am Leben.' Jedermann soll sich die für ihn geeignete Waffe besorgen, mit der er den Deutschen die größten Wunden schlagen kann. Sollten Feuerwaffen nicht zur Hand sein, dann sollte irgendein Instrument, mit dem man schneiden, stechen und schlagen kann, bereitgestellt und versteckt werden." Britische Tageszeitungen, darunter „News Chronicle" vom 4. November 1943, brachten den Aufruf in großer Aufmachung.

Einen derartigen Aufruf zum Völkermord, öffentlich und ganz offiziell, hat es noch nie zuvor in der Geschichte gegeben. Er hatte den Tod von rund 270.000 Sudetendeutschen zur Folge, die von tschechischen Zivilisten auf die bestialischste Weise regelrecht abgeschlachtet wurden.

Für die ewig lächelnde österreichische Außenministerin, Frau Ferrero-Waldner, ist das aber keineswegs ein Grund, mit der tschechischen Republik nicht gutnachbarliche Beziehungen zu pflegen und sie als Mitglied in der EU im „gemeinsamen Haus Europa" zu begrüßen. Noch leben viele der Mörder, die damals junge Burschen waren, in Tschechien. Zum Teil sind ihre Namen bekannt. Wer würde gern in einem „gemeinsamen Haus" Tür an Tür mit Mördern leben wollen? Eine Einstellung der österreichischen Außenministerin und fast aller Politiker und auch Medien, die verachtungswürdig und schändlich ist. Ein Symptom für eine Welt, die nicht mehr weiß, was Recht und Gerechtigkeit bedeuten.

Nun weiter in der Tagebucheintragung meines Vaters vom 5. Oktober 1938:

Unter den Soldaten findet man das richtige Volk Böhmens, keinen Streit der Nationen. Nun gehen wir alle auseinander, und viele von uns werden künftighin durch Reichsgrenzen getrennt sein.

Josl sagt mir am Telefon, daß sie mit Rudi per Autotaxi in der Nacht eintreffen wird.

Um 6 h verkündet Ministerpräsident Syrovy am Radio die soeben erfolgte Demission des Präsidenten Benes. Dazu war es längst höchste Zeit, und es wird diesem Mann wohl niemand nachweinen, außer den Linken und den Freimaurern. Durch seine Politik während 20 Jahren ist unser armes Land dahin gekommen, wo es heute ist; die Geschichte wird wohl einmal das Urteil sprechen über die ungeheuerliche Schuld dieses Politikers.

6. Oktober 1938:
In drei Tagen sollen wir von deutschen Truppen besetzt werden. Wenn die verschiedenen tschechischen Hetzer, die seit Jahren hier ihr Unwesen getrieben haben und besonders in der letzten Zeit durch ihre Angebereien viele Leute ins Gefängnis gebracht haben, nicht bald verschwinden, so wird es ihnen schlecht gehen.

Direktor Theu, der heute in dem seit gestern besetzten Bukwa und Maschau (Reviere von uns) war, meldet mir abends von dem hervorragenden Eindruck, den er von den deutschen Truppen bekommen hat. Im Forsthaus Bukwa ist ein General und ein Prinz Solms einquartiert, denen er sich als mein Vertreter vorgestellt hat und die sich mir empfehlen lassen. Sie sind angeblich entzückt über die Aufnahme im Forsthaus, Heinrich (der Oberförster) ist auch zufrieden, und es herrscht Freude und größte Ordnung, ebenso in Maschau. Die ganze Besetzung geht überhaupt, wie man hört, überall klaglos und ohne jede Reibung vor sich.

7. Oktober 1938:
Alles ist ganz normal. Im Forsthaus Bukwa ist der Regimentskommandeur Kürschner mit seinem Stab einquartiert. Ich mache dem General einen Besuch, finde dort auch Ernst-August Prinz Solms, den ich von früher gekannt hatte. Die Herren sind sehr freundlich und macht das Militär einen ausgezeichneten Eindruck. Wir erfahren, daß Petersburg am zehnten besetzt wird.

8. Oktober 1938:
Wind und Regen. Vormittags fahre ich mit Josl nach Prag. Besuch bei Dr. Mayer (Anwalt meines Vaters). Langes Gespräch über die Lage, besonders im Hinblick auf die ungemein komplizierten und derzeit noch ganz unübersichtlichen wirtschaftlichen Verhältnisse, wenn mein Besitz in zwei Ländern liegen und Neuhaus wahrscheinlich überhaupt ganz zerrissen sein wird. Die Zerreißung unseres Landes ist ungeheuerlich! Es werden auch tschechische Orte besetzt, im ganzen sollen ca. 800.000 Tschechen zum Reich kommen – allerdings werden die endgültigen Grenzen erst später festgesetzt werden.

Um halb 8 h trifft Broz, der frühere Bürgermeister von Neuhaus, ein. Broz hatte mich nachmittag angerufen und mir gesagt, er müsse dringendst mit mir reden. Er bringt mir eine Karte, in der die Grenzen der deutschen Besetzung rund um Neuhaus eingezeichnet sind. Dieselben bedeuten für die Stadt und für meinen Besitz eine Katastrophe. Die Stadt bleibt in Böhmen in einem schmalen Sack – von allen Seiten liegt die Grenze knapp bei Neuhaus. Der Bürgermeister glaubt, ich könne irgendwie behilflich sein für Korrekturen bei der Grenzziehung. Er meint, ich solle mich an Lord Runciman wenden, worauf ich sage, daß er nichts mehr zu tun habe. Ich rate ihm, das Ansuchen mit der Karte an Rechtsanwalt Dr. Mayer zu schicken. Ich bin eigentlich gerührt, daß die Neuhauser in ihrer Not sich an mich wenden, und bedaure nur, daß ich nichts machen kann.

9. Oktober 1938:
Militär, Gendarmerie, Post- und Bahnbeamte (die alle Tschechen und nie Sudetendeutsche waren) sind in der Nacht abgezogen. Die verhaftet Gewesenen, darunter auch Steinbach, kehren zurück, sie haben sehr üble Zeiten durchgemacht. Das ganze Dorf wird mit Hakenkreuzfahnen und Girlanden geschmückt, alles ist in Erwar-

tung der deutschen Truppen, die morgen einmarschieren werden. Podersam wird heute besetzt werden.

10. Oktober 1938:
Alles ist in Erwartung des deutschen Militärs. Etwas nach 12 Uhr fahren die ersten Abteilungen ein, Böllerschießen, und die Glokken läuten. Diese Abteilungen fahren durch, ohne sich aufzuhalten. Um 2 h trifft ein Auto im Schloß ein; Wachtmeister Freiherr von Maltzan stellt sich vor als Führer eines Telephonzuges. Kurz danach kommt ein netter Leutnant von Buch, der Quartiermacher des Stabes des 5. Infanterieregiments ist. Er belegt den ganzen alten Trakt für ca. 10 Offiziere und Unteroffiziere, im ganzen 21 Mann. Leutnant von Buch trinkt mit mir Tee und bespreche ich verschiedene Dinge mit ihm. Es erscheint dann der Kommandeur General von Chappuis, ein ungemein netter und sympathischer Herr. Zum Abendessen kommen alle 10 Herren, darunter auch der Oberst von Buschenhagen, der mir einen sehr guten Eindruck macht. Recht angenehme Conversation, die Herren sind äußerst taktvoll und höflich und bin ich froh, daß dieses Kommando bei uns einquartiert wurde.

So gehören wir nun zum Reich und sind vorläufig vom Inneren des Landes abgeschnitten.

Im Ort nehmen die Leute der S.d.P. (übereifrige Nazis), darunter eine Anzahl ganz junger Burschen, eine ganze Anzahl von mißliebigen Leuten, Hetzern usw. gefangen, darunter auch unseren Obergärtner Synek, der immer einer der größten Hetzer war.

11. Oktober 1938:
Frühstück mit den Offizieren. Nachher spricht der General von Chappuis lange mit mir allein; ich trage ihm meine Sorgen wegen der tschechischen Beamten und Angestellten vor, die um ihre Stellung große Angst haben. Er sagt mir, er werde darüber mit

dem Armeekommandeur General von Reichenau reden, und er werde zu erreichen trachten, daß ich einmal mit dem Kommandeur darüber sprechen kann. Chappuis ist väterlich freundlich und ist mir die Unterredung mit ihm eine große Beruhigung; danach reist er ab und geht das Kommando hier auf den Oberst von Buschenhagen über.

12. Oktober 1938:
Vormittags erscheint der Armeekommandeur General von Reichenau, welcher mich besucht. Ich rede lange und eingehend mit ihm über Personalverhältnisse der Beamten, wirtschaftliche Fragen etc. und versichert er mich, daß die tschechischen Beamten ruhig ihren Dienst versehen können, daß strenge Maßregeln ergriffen wurden gegen eigenmächtiges Vorgehen der Zivilbevölkerung (Angebereien, Verhaftungen etc.) und daß niemand um seine Stellung zu fürchten brauche, sofern er nicht politisch kompromittiert sei. Über diesen Besuch bin ich sehr geehrt und ist er die Folge meiner gestrigen Unterredung mit General von Chappuis. Daß der Armeekommandeur mich besuchen kommt, ist wohl etwas ganz Besonderes. Er ist sehr gescheit und äußerst entgegenkommend und höflich; es heißt, daß er bei Hitler hoch in Gnaden stehe und ihm eine große Carriere bevorstehe.

Zum Schluß sagte er mir auch zu, daß er mir und Josl Passierscheine ausstellen werde zur Fahrt nach Prag und Neuhaus. Ich danke ihm aufrichtig für die Ehre seines Besuches und bin darüber hocherfreut.

13. Oktober 1938:
Am Radio hören wir, daß Minister Chvalkovsky heute in Berlin ist und zwei Stunden mit Ribbentrop (deutscher Außenminister) konferiert hat und daß er heute nachts nach Berchtesgaden zu Hitler fährt. Das ist eine sehr erfreuliche Nachricht und hört man

allgemein, daß die Beziehungen zwischen der Tschechoslowakei und Deutschland sich sehr bessern und eine enge Annäherung angestrebt wird.

16. Oktober 1938:
Sonntag, prachtvoll schön und warm. Um dreiviertel sieben marschiert das Regiment ab. Wir verabschieden uns mit großem Bedauern von den Offizieren und sehen dem Abmarsch zu. 8 h Messe und Dankgottesdienst für gute Ernte, Errettung vor dem Krieg und Einverleibung in das Deutsche Reich. Zum Schluß Te Deum, Deutschlandlied und Horst-Wessel-Lied.

All diese überaus positiven Erfahrungen und Eindrücke, die mein Vater hinsichtlich Benehmen, perfektem Auftreten, Gesinnung, Taktgefühl und hohem geistigem Niveau der Offiziere der Deutschen Wehrmacht gemacht hatte, angefangen vom kleinen Leutnant bis zum Armeekommandeur General von Reichenau, mögen wohl dazu beigetragen haben, seinen tiefen Schmerz über die Zerstückelung Böhmens etwas zu lindern, wenngleich sie nicht zur geringsten Sympathie für den Nationalsozialismus führten.

Mein Vater blieb nach wie vor ein überzeugter Gegner des Regimes, was er auch mutig unter Beweis stellte, wovon aber erst an späterer Stelle ausführlich die Rede sein soll. Hier nur so viel: Die Meinung, daß man im Dritten Reich permanent bespitzelt wurde, kuschen und parieren mußte, um nicht eingesperrt zu werden, jeglicher Akt einer auch nur geringfügigen Opposition unmöglich war, ist einfach falsch. So wurde mein Vater beispielsweise zweimal von der Gestapo vorgeladen und aufgefordert, Parteimitglied zu werden, was er beide Male ablehnte, ohne daß ihm irgend etwas geschah. Ebenso wurde ihm von der Gauleitung dringend nahegelegt, sich von den tschechischen Beamten in Petersburg zu trennen. Auch dies verweigerte er. Sie blieben, und nichts geschah. Weiters wurde er für unsere Besitzungen im tschechischen Gebiet von den deutschen Behörden dringend aufgefordert, zumindest einen Deutschen in leitender Funktion anzustellen. Mein Vater kam auch dieser Aufforderung nicht nach. Im folgenden nun die Tagebuchaufzeichnungen meines Vaters zu den Ereignissen im Frühjahr 1939:

14. März 1939:
Am Radio wird um zwei Uhr verkündet, daß der heute zusammengetretene slowakische Landtag zu Mittag die Selbständigkeit der Slowakei ausgerufen hat – Monsignore Tiso ist Staatsoberhaupt und Ministerpräsident. So ist also das Werk der beiden Verschwörer und Freimaurer Masaryk und Benes endgültig zerfallen, und es bleiben nur die so stark zugeschnittenen Teile von Böhmen und Mähren übrig.

Um die Slowaken ist es mir nicht leid, der mit ihnen zusammengezimmerte Staat war ein unnatürliches Gebilde (was auch Lady Runciman sagte), und die slowakische sogenannte Intelligenz besteht aus üblen Elementen. Aber wie wird jetzt dieser kleine Reststaat Böhmen-Mähren leben können?!

Um fünf Uhr hören wir die sehr interessante Nachricht, daß um vier Uhr nachmittags Präsident Hacha und Außenminister Chvalkovsky nach Berlin abgereist sind, um mit Hitler zu konferieren. Was wird das Ergebnis dieses Besuches sein?

Hacha war Präsident des Protektorates Böhmen und Mähren, Chvalkovsky sein Außenminister. Auch hier eine Korrektur zur etablierten Zeitgeschichte, in der es heißt, beide wurden nach Berlin befohlen: Sie gingen ganz freiwillig dorthin, was unter anderem von Hachas Tochter, die mit dabei war und mit Blumenstrauß und äußerster Höflichkeit empfangen wurde, bestätigt wird.

Weiter aus dem Tagebuch meines Vaters, immer noch 14. März 1939:

Abends um elf Uhr hören wir am Prager Radio, daß, während Hacha und Chvalkovsky auf der Reise nach Berlin waren, deutsche Truppen Mährisch-Ostrau besetzt haben. Für ein solches Vorgehen hat die Geschichte wohl kein Beispiel. – Während das Staatsoberhaupt in die Hauptstadt des Nachbarreiches reist, wird die wichtigste Industriestadt des Landes von Fremden besetzt! (Was meinen Vater mit vollem Recht empörte.)

15. März 1939:
Früh werden wir mit der Nachricht geweckt, daß heute Nacht in Berlin Präsident Hacha „das Schicksal des böhmischen Volkes in Hitlers Hände vertrauensvoll gelegt habe" und daß heute morgens um sechs Uhr an zahlreichen Stellen Böhmens und Mährens die deutschen Truppen die Grenzen überschritten hätten, um das ganze Land zu besetzen. Als Grund wird angegeben, daß Hitler sich entschlossen habe, das Land Böhmen und Mähren unter seinen Schutz zu nehmen, um Leben und Sicherheit der Einwohner zu schützen.

Wir sitzen ununterbrochen am Radio und hören die sich beständig jagenden Nachrichten an. Um 9.15 Uhr früh besetzen deutsche Truppen die königliche Burg in Prag und hissen die Fahne. Im weiteren Verlauf des Vormittags machen die Truppen ihren Einzug über den Wenzelsplatz und Graben, von den Deutschen Prags freudig begrüßt. Der deutsche Heereskommandant General der Infanterie von Blaskovitz übernimmt die gesamte Befehlsgewalt. In Prag bildet sich ein „Narodny Vybor" zwecks Zusammenarbeit mit den Deutschen. Ihm gehören sechzehn Personen an, darunter auch Johannes Lobkowitz. Der General Gajda übernimmt die Führung der tschechischen nationalen Parteien. Es ereignen sich keine Zwischenfälle, der Rundfunk fordert zur Ruhe und zum Gehorsam gegen die Anordnungen der deutschen Behörden auf.

Wir hören den ganzen Nachmittag und Abend das Radio an. Präsident Hacha und Chvalkovsky kehren abends aus Berlin zurück und werden auf dem Bahnhof von einer deutschen Ehrenkompanie begrüßt, vom Ministerium, von den Vertretern der nationalen Verbände. Der Präsident schreitet die Ehrenkompanie ab und fährt dann auf die Burg. Hitler ist um 19.45 Uhr in Prag eingetroffen und ist in der königlichen Burg eingezogen. In seiner Begleitung sind General Keitel, Außenminister von Ribbentrop, Himmler und andere. Auf der Burg weht die Führerstandarte. Unerhört ist das Tempo aller dieser Ereignisse. Wie wird aber das Verhältnis zu den Tschechen werden? Eine bittere Ironie ist es, daß Henlein zum Chef der gesamten Zivilverwaltung und Gauleiter Böhmens ernannt wurde. Bürckel aus Wien wird Gauleiter in Mähren. Henlein zu diesem Amt zu bestellen, ist wohl eine politisch wenig kluge Maßnahme und wäre jeder andere aus dem Reich meiner Ansicht nach besser gewesen. Dem tschechischen Volk zuzumuten, daß es jetzt Henlein gehorchen soll, der der Urgrund der Auflösung des Landes war, ist ein starkes Stück. Die englischen und französischen Radiosendungen lauten sehr ernst, der Geist von München ist endgültig begraben, und es bildet sich eine immer stärkere Front gegen das Dritte Reich. Die Aussichten für die Zukunft sind sehr trübe. Das Dritte Reich hat immer erklärt, daß es nur seine Volksgenossen aus fremder Bedrückung befreien wolle und keine anderen Volksgruppen wünsche – heute nimmt es 7 Millionen Tschechen. Am 12. September hat Hitler in Nürnberg vor der ganzen Welt verkündet, daß das Sudetenland seine letzte territoriale Forderung sei und daß er dann in Europa nichts mehr wolle. Heiliger Wenzel, beschütze unser Land und führe es einer glücklichen Zukunft entgegen!

Im Herbst desselben Jahres notiert mein Vater:

19. November 1939:
Seit gestern ist über Prag und die Bezirke Kladno, Beraun und Harovic das Standrecht verhängt. Gestern wurden noch drei Leute erschossen, darunter zwei Polizeibeamte. Furchtbar gedrückte Stimmung. Man erzählt von 1.200–1.700 Leuten, meist Studenten, die in der Nacht aus ihren Betten geholt und eingesperrt wurden. Am 21. wurde das Standrecht wieder aufgehoben.

23. November 1939:
Nun sind alle Hochschulen auf drei Jahre geschlossen, und die Studenten sind auf der Straße; wenn sie nicht binnen 10 Tagen sich ausweisen, daß sie eine Beschäftigung haben, ist zu erwarten, daß sie irgendwohin nach Deutschland geschafft werden, um zu arbeiten. Es sind trostlose Zustände.

Auch zwei meiner besten Freunde mußten nach Deutschland als „Zwangsarbeiter“, nachdem die Prager Universität gesperrt worden war. Der eine war ein tschechischer Czernin, der andere ein Historiker, Freiherr Oswald von Kostrba-Skalicky, den ich damals allerdings noch nicht kannte und der erst nach dem Krieg mein Freund wurde. Beide wurden als Büroangestellte beschäftigt. Als ich im Jahre 1944 in der Unteroffiziersschule in München war, traf ich mich am Wochenende öfters mit Josef Czernin, der mir von seiner Arbeit und seinem Leben erzählte. Er wohnte in einer der standardisierten Holzbaracken, wie sie bei der Wehrmacht, dem Reichsarbeitsdienst und auch in den Konzentrationslagern verwendet wurden. Er hatte, wie alle anderen, einen Acht-Stunden-Tag, war ebenfalls wie jeder deutsche Arbeiter sozialversichert und kam auch in den Genuß so manch günstiger Sozialleistung. Nach seiner Arbeit konnte er sich völlig frei bewegen, in die

Stadt bummeln gehen oder in einem Kaffeehaus sitzen. Auch konnte er, wenn er wollte, übers Wochenende nach Prag fahren.

Mein zweiter Freund, Oswald, erzählte mir nach dem Krieg, daß es ihm genauso ergangen sei wie Josef Czernin. Er sagte: „Ich habe mich noch nie so frei gefühlt wie in Deutschland. Dort konnte ich ungeniert über den Nationalsozialismus schimpfen, Hitler kritisieren, den Sinn des Krieges in Frage stellen etc."

1. Dezember 1939:
Der Krieg zwischen Sowjetrußland und Finnland hat angefangen, Helsinki und verschiedene Orte und Häfen wurden bombardiert, viele Tote. Es ist ein unerhörter Überfall, den die Russen machen – sie haben ja jetzt seit dem Abkommen mit Deutschland freie Hand im Osten; Ostpolen, das Baltikum, Litauen wurden ihnen schon ausgeliefert, jetzt kommt Finnland dran, das letzte Bollwerk im Osten gegen den Bolschewismus.

Gott sei dem armen Europa gnädig!

Damit endet das Tagebuch meines Vaters. Es ist erstaunlich, daß seine letzte Eintragung vom 1. Dezember 1939 stammt, also genau drei Monate nach dem Beginn des Polenfeldzuges, der am 1. September 1939 begann, aufgezeichnet wurde. „Jetzt, da sich alle politischen Möglichkeiten erschöpft haben, mit friedlichen Mitteln einer Lage an der östlichen Front Herr zu werden, die für Deutschland unerträglich ist, habe ich mich zu einer Lösung durch Gewalt entschlossen." Mit dieser Erklärung leitete Hitler seinen Befehl ein. Am 1. September 1939 überschritten deutsche Truppen die polnische Grenze, und Hitler hielt vor dem Reichstag eine Rede, die mit den Worten begann: „Seit fünf Uhr fünfundvierzig wird jetzt zurückgeschossen, und von jetzt an wird Bombe mit Bombe vergolten."

An dieser Stelle muß ich kurz von einem äußerst außergewöhnlichen Naturphänomen sprechen. Als ich noch in Prag zur Schule ging und mit meinem „Aufseher“, dem Grafen Manzano, in unserem Haus wohnte, sahen wir eines Abends, als es schon dämmerte, am Himmel ein Nordlicht, was nur ganz selten vorkommt. Es leuchtete in fahlen Farben von Rötlich über Orange bis Blau und bot einen faszinierenden Anblick. Man sah es über ganz Mitteleuropa. Die Menschen sagten, ein Nordlicht würde Unheil bringen. Zwei Tage danach begann der Polenfeldzug und damit der Zweite Weltkrieg.

Nach dem Blitzsieg über Polen war sieben Monate lang Ruhe. Dann begann der Frankreichfeldzug. Am ersten Tag fiel mein Bruder Karl-Eugen. Ein unermeßlich schwerer Schicksalsschlag für meine Eltern! Der Erstgeborene, Erbe des Czerninschen Familienbesitzes, Lieblingssohn meines Vaters, was ich heute durchaus verstehe – worauf ich an früherer Stelle bereits hingewiesen habe –, tot! Auch für mich war sein Tod ein ganz schwerer Verlust, da wir einander immer sehr gut verstanden und er mir oft gute Ratschläge gegeben hatte. Alles, was nun folgt, ist sehr ernst, traurig, erschütternd, ja zum Teil grauenhaft. Dennoch bleibt Platz für Anekdoten, Erinnerungen und Bilder.

Krieg und Vertreibung

Meine Kriegsjahre von 1943 bis 1945

Im Sommer 1943 – ich war damals siebzehn – bekam ich die Einberufung zum Reichsarbeitsdienst nach Freiburg, einer besonders schönen Stadt. Dort mußten wir händisch mit unseren Spaten sogenannte „Saugstellen“ ausheben, zirka vier Meter tief und zwölf Meter im Quadrat. Sie waren als Wasserreservoire für Löscharbeiten nach Fliegerangriffen gedacht. Eine mühselige Arbeit. Wir waren in den bereits erwähnten Standardbaracken aus Holz untergebracht, in Doppelbetten, bei einer Zimmerbelegung von vierzehn bis sechzehn Mann. Der Reichsarbeitsdienst war insofern eine sehr gute Sache, als junge Männer aus allen sozialen Schichten zusammengewürfelt waren und an ein und demselben Projekt schwer arbeiten mußten. So entstanden ein Zusammengehörigkeitsgefühl und Kameradschaft. Politische Schulung oder Indoktrinierung hat es nie gegeben, ebensowenig wie bei der Wehrmacht. Man sollte so einen Arbeitsdienst heute wieder einführen, damit die jungen Männer aus allen sozialen Schichten nicht nur kennenlernen, was schwere, händische Arbeit heißt, sondern vor allem auch, um gegen ihren heutzutage weitestverbreiteten Egoismus, ihre Rücksichtslosigkeit und Arroganz anderen gegenüber, ihre Isoliertheit und ihr völliges Unvermögen, andere, vor allem ältere Menschen zu verstehen, anzukämpfen. Aufgrund dieser Einberufung bekam ich in der Schule das sogenannte „Reifezeugnis“, welches gültiger Ersatz für die Matura war, die ich ja sonst niemals bestanden hätte.

Nach diesen drei Monaten Reichsarbeitsdienst kehrte ich heim und wurde dann im Dezember 1943 zur Wehrmacht einberufen, und zwar zur schweren Flak (Flugabwehrkanone 8,8 cm) nach Königsberg in Ostpreußen. Mein Vater begleitete mich auf der langen Bahnreise dorthin. Als ich durch das große Eingangstor in die Kaserne ging, drehte ich mich noch einmal um und winkte ihm zu. Was mag sich der Arme wohl gedacht haben? Ein Sohn bereits gefallen, und nun zog der zweite auch in den furchtbaren Krieg.

In der Kaserne mußten alle, die damals zur gleichen Zeit einrückten, zunächst einmal Uniform, Wäsche, Stiefel und Karabiner ausfassen. Dann sich in Reih und Glied im Kasernenhof aufstellen. Ein Leutnant schritt diese lange Schlange junger Soldaten ab. Als er zu mir kam, brüllte er mich an: „Nehmen Sie die Knie zusammen!" Ich antwortete, daß ich das nicht könne, weil ich leider „O-Haxn" habe. Daraufhin versuchte er, mir die Knie zusammenzudrücken, was ihm nicht gelang. Dann verlas er die Namen, und jeder Aufgerufene mußte „Hier" sagen. Als er zu mir kam, fragte er mich, da es so im Einberufungsbefehl stand: „Sind Sie och 'n richtiger Jraf?" Ich antwortete: „Ja." Daraufhin brüllte er mich wieder an: „In der Deutschen Wehrmacht heißt das nicht ‚Ja', sondern ‚Jawohl'!" Ein feiner Anfang meines Kriegsdienstes, fürwahr! Anschließend wurde ich von dem wütenden Leutnant zum Friseur geschickt, weil ich in Königsberg so angekommen war, wie ich in Prag herumgelaufen war – mit langem, fast über die Ohren und den Kragen hängendem, lockigem Haar. Fünf Finger über den Ohren durften keine Haare sein. Später dann wurde von unserem Oberbefehlshaber, Generalfeldmarschall Göring, für Angehörige der Luftwaffe, wozu die Flak gehörte, ein längerer Haarschnitt erlaubt. Generalinspektor der Luftwaffe war übrigens der Volljude Generalfeldmarschall Milch.

Die Ausbildung in Königsberg war überaus hart: Stundenlange Märsche und dabei forsche Lieder singend. Nachts aus den Betten gejagt und in totaler Finsternis, mit Gasmaske vorm Gesicht und Karabiner in den Händen, über die Äcker „robben", wie der Terminus für auf dem Bauch kriechen lautet. Kontrolle der Stuben.

Wehe, ein Bett mit Strohsack und blauweiß karierter Decke war nicht brettleben: Das Bettzeug wurde auf den Boden geschmissen, und alles mußte neu gemacht werden. Die Verpflegung war ausreichend und gut. Krank war man nie. Politisch geschult oder irgendwie beeinflußt wurde man auch nie. Die Wehrmacht war ein völlig a-politischer Verein, in den sich viele Belastete flüchten konnten, um von den Behörden in Ruhe gelassen zu werden.

Nach drei Monaten härtester Ausbildung wurde ich mit einigen Kameraden nach Dortmund zu einer der dort rund um die Stadt auf höhergelegenen Hügeln aufgestellten, aus jeweils zwölf Kanonen und einigen Scheinwerfern bestehenden Flak-Batterien eingeteilt. Fast jede Nacht gab es Fliegeralarm, so daß wir blitzschnell aus den Betten steigen mußten, um zu unseren Geschützen zu eilen. Wir wurden sehr oft von Geschwadern von bis zu fünfhundert schweren Bombern überflogen, die von den Scheinwerfern erfaßt und mit Leuchtmunition beschossen wurden, wobei alle drei Sekunden eine Kanone einen Schuß abgab. Meist nur als Sperrfeuer, um die Bomber von ihrem Ziel abzulenken. Abschüsse gab es nur äußerst selten.

Eines Nachts kam auch Dortmund an die Reihe. Ein Teppich schwerer Bomben und Tausender kleiner Brandbomben fiel auf die Stadt. Von unserem Hügel aus sahen wir ein Flammenmeer. Ein wahres Inferno, dessen Anblick ich nie vergessen werde. Nach dem Angriff und der Entwarnung mußten wir in die Stadt, um die Toten auf den Straßen, teils mit zerfetzten Leibern und abgetrennten Gliedmaßen, nach Geschlecht geordnet aufzureihen und den Verwundeten Erste Hilfe zu leisten. Auch in die Luftschutzkeller mußten wir hinabsteigen, wo sich uns in vielen Fällen ein wahrhaft grauenerregendes Bild bot: Verkohlte, zusammengeschrumpfte Leichen, an die Eisenstäbe der vergitterten Fenster geklammert. Unzählige Tote, darunter, wie überall bei den Opfern des Bombenterrors, hauptsächlich Frauen, alte

Leute und Kinder. Am Beginn dieser Rettungs- und Bergungsaktion dachte ich, ich halte es nicht aus. Doch mit der Zeit stumpft wohl jeder, auch ein sehr sensibler Mensch, gegen das Schrecklichste ab und tut, was er tun muß.

Nun im folgenden einige Bemerkungen zum anglo-amerikanischen Luftterror: Dieser zählt zu den größten Kriegsverbrechen der Alliierten. Ziel waren von Anfang an in erster Linie dicht bewohnte Wohngebiete und damit die Zivilbevölkerung, was der britische Luftmarschall Arthur Harris in seinem Buch „Bomber Command" freimütig zugibt: „Mit Ausnahme von Essen haben wir nie ein besonderes Industriewerk als Ziel gewählt – unser Ziel war immer die Innenstadt." Demgegenüber hat die deutsche Luftwaffe mit wenigen Ausnahmen an der Unterscheidung zwischen kriegswichtigen Zielen und Wohngebieten festgehalten. Die Verantwortung für diesen „unterschiedslosen" totalen Bombenkrieg trifft aber nicht nur Harris, sondern letztlich auch Churchill und Roosevelt, die sich in ihrer Beurteilung der Zweckmäßigkeit und Zulässigkeit derartiger Bombenangriffe einig waren, wodurch sie bedenkenlos die Grundsätze des Kriegs- und Völkerrechts mißachteten. Schon am 8. Juli 1940 hatte Churchill in einem Schreiben an Lord Beaverbrook seine Überzeugung geäußert, daß es nur eine einzige Möglichkeit gebe, Hitler zu bezwingen, und zwar – nach seinen eigenen Worten – durch einen „absolut zerstörenden Vernichtungsangriff schwerer Bomber auf das Nazi-Hinterland", wie Ernst Nolte ihn in seinem Werk „Der Europäische Bürgerkrieg 1917–1945" zitiert. Daß Churchill Aussagen wie diese sehr ernst meinte, geht aus einer Rede vom April 1940 hervor, in der er u. a. ausführte: „Es gibt weniger als siebzig Millionen Hunnen (gemeint waren Deutsche; Anm.), einige davon sind zu heilen, die anderen umzubringen."

Von Dortmund wurde ich nach Münster versetzt: eine wunderschöne Stadt mit bedeutenden Kunstwerken. Unsere Kaserne lag außerhalb, und es waren dort keine Flak-Batterien. Ich wurde in der Schreibstube verwendet, was eine geruhsame Arbeit bedeutete. An einem schönen Sonntag im September 1944 ging ich in die Stadt bummeln. Plötzlich gab es Fliegeralarm, der aber niemanden aufregte, da man nicht annahm, daß Münster bombardiert würde. Die vielen Menschen auf den Straßen und in den Cafés ließen sich daher in ihrer Sonntagsruhe nicht stören. Doch zu meinem großen Schrecken – wahrscheinlich zum Schrecken aller – sah ich am Himmel einen Pulk von mindestens 50–60 feindlichen Flugzeugen und hörte das mir schon bekannte zischende Geräusch herabsausender Bomben, die ich gegen den blauen Himmel ganz deutlich erkennen konnte. Ich rannte nahe dem Bahnhof, wo ich mich gerade befand, in den nächstgelegenen Luftschutzkeller. Und schon krachte es. Nach der Entwarnung, als ich den Keller verließ, lagen am Platz vor dem Bahnhof Dutzende Leichen. Wie andere Soldaten auch, mußte ich sofort beginnen, diese zum Teil völlig entstellten und verstümmelten Leichen in Reih und Glied hinzulegen und mit großen Packpapierfolien, die bereitgestellt wurden, zuzudecken. Ich war so entsetzliche Bilder und Eindrücke schon von Dortmund gewohnt, aber dennoch war ich wiederum zutiefst erschüttert.

Im Spätherbst des gleichen Jahres wurde ich dann von Münster nach Pilsen versetzt, wo ich als Unteroffizier bei einer Flak-Batterie, bestehend aus zwölf Geschützen, am Rand der Stadt als Geschützführer eingesetzt wurde. Ich hatte zehn Mann zur Bedienung des Geschützes unter mir. Eine Scheinwerferbatterie war angeschlossen. Unsere Aufgabe war es, die Škoda-Werke, die für die Kriegsindustrie von enormer Bedeutung waren, vor Bombenangriffen zu schützen. Wie bereits in Dortmund wurde alle drei Sekunden eine Granate mit Leuchtmunition abgeschossen, wobei man wegen des ohrenbetäubenden Krachens immer den Mund aufreißen mußte. Abschüsse gab es nur äußerst selten. Eines

Nachts wurden die Škoda-Werke bombardiert, aber nicht zerstört, so daß sie weiterarbeiten konnten.

Im Februar 1945 teilte mir unser Batteriekommandant mit, daß ich in zehn Tagen nach Rußland versetzt werde, wo die schwere Flak auch gegen Panzer eingesetzt wurde. Nun gab es allerdings eine Anordnung Görings, daß die letzten Söhne von Familien, deren übrige Söhne schon gefallen waren, bzw. die einzigen Söhne im Heimatkriegsgebiet einzusetzen seien. Mein Vater schrieb sogleich an ihn und bat ihn, diese Anordnung für mich gelten zu lassen. Es vergingen nur wenige Tage, bis die positive Antwort Görings eintraf. Somit hat er mir mit größter Wahrscheinlichkeit das Leben gerettet, zumindest aber die russische Gefangenschaft, aus der viele erst nach Jahren zurückkamen, erspart.

Als am 8. Mai 1945 die Deutsche Wehrmacht bedingungslos – wie es die Alliierten forderten – kapitulierte, befand ich mich immer noch in Pilsen. An diesem Tag der Kapitulation und damit des Kriegsendes ließ uns unser Batteriekommandant alle Waffen abgeben und sagte, wir könnten gehen, wohin wir wollten. Nun verabschiedeten wir uns von ihm und von den Kameraden. Ich wußte zu dieser Zeit, daß in Petersburg die Russen und in Chudenitz die Amerikaner waren. Also machte ich mich auf den Weg in Richtung Chudenitz. Unterwegs, noch kurz hinter Pilsen, kam ich zu einem Schloß, vor dessen Tor einige finster dreinsehende tschechische Partisanen mit roten Armbinden und Karabinern standen. Ich ging auf sie zu und sagte: „Dobry denn, panowe“ (Guten Tag, meine Herren), worauf sie mich ganz verdutzt anstarrten und fragten, wie ich heiße. Als ich „Czernin“ sagte, fragten sie: „Hrabie Czernin (Graf Czernin)?“ Als ich „Ja“ sagte, lud mich einer von ihnen, der dort in einem Nebenhaus wohnte, zu sich und seiner Familie ein. Ich bekam eine gute Jause, und die Hausfrau entfernte mit einer Rasierklinge das Hoheitszeichen (den Adler mit Hakenkreuz) von meiner Uniform. Dann zeigten sie mir noch die Richtung, in die ich gehen sollte, um nicht den Amerikanern in die Arme zu laufen. So ging ich also weiter Richtung Chudenitz.

Aber schon nach kurzem Marsch auf der offenen Landstraße wurde ich von einer amerikanischen LKW-Kolonne, vollgepfercht mit deutschen Kriegsgefangenen, angehalten und mußte auf einen der LKWs steigen. Sie brachten uns in ein noch in der C.S.R. gelegenes Sammellager, wo bereits viele Gefangene waren. Inzwischen war es Nacht geworden. Wir mußten uns in Reih und Glied aufstellen, nachdem uns unsere Tornister abgenommen worden waren, die wir nie mehr wiedersahen, was den Verlust der gesamten notwendigen Wäsche und sonstigen Gebrauchsgegenstände bedeutete. Ein baumlanger Neger schritt die Front ab und nahm jedem die Armbanduhr und den Ehering weg. Als er zu mir kam, mußte auch ich meine Hände ausstrecken. Da sah er an meinem Ringfinger den goldenen Siegelring mit dem Karneol und dem eingravierten Wappen mit neunzackiger Grafenkrone funkeln. Er versuchte, ihn von meinem Finger abzuziehen, was ihm aber nicht gelang. Daraufhin zog er sein Messer, das jeder amerikanische Soldat an der Seite seines Koppels trug, um mir den Finger samt Ring abzuschneiden. Ich sagte ihm darauf in meinem momentanen Schreck: „Please wait a minute!“ und spuckte den Ring von allen Seiten an, damit er vom Finger glitt. Es gelang, und ich überreichte ihm den Ring – für ihn bestimmt eine sehr wertvolle und äußerst originelle Kriegstrophäe. Falls er später zu Hause draufkam, daß es sich um den Ring eines „gräflichen“ Soldaten handelte, war diese Trophäe sicher noch wesentlich wertvoller für ihn.

Jetzt begannen Schutzengel ihre hilfreiche Tätigkeit. Es müssen mehrere gewesen sein, denn einer allein hätte es nicht geschafft, mich durch alle folgenden Lebensgefahren zu bringen.

Nach nächtlicher, langer Fahrt wurden wir Gefangene mit den LKWs über die tschechische Grenze und in der Morgendämmerung nach Weiden in der Oberpfalz gebracht. Daß die Amerikaner alle im Raum um Pilsen gemachten deutschen Kriegsgefangenen, entgegen einem Abkommen zwischen ihnen und der Roten Armee, über die tschechoslowakische Grenze nach Deutschland brachten, verdankten wir dem damaligen Kommandeur der US-Truppen, General Clark. Wie ich nach dem Krieg in Wien von einem damaligen guten Freund, dem pensionierten amerikanischen Diplomaten Bruce Clark, der mit General Clark nahe verwandt war, erfuhr, hatte der General das aus purer Menschlichkeit getan, weil er genau wußte, was uns geblüht hätte, wenn wir den Russen übergeben worden wären: entweder jahrelange Kriegsgefangenschaft in der UdSSR oder Einlieferung in das nahe von Pilsen gelegene Schloß Miröschau. Jüngst aufgetauchte Fotos zeigen, wie dort deutsche Soldaten durch tschechische Partisanen gefoltert und ermordet wurden.

In Weiden angekommen, wurden wir in einem von Stacheldraht und Wachtürmen eingezäunten riesigen Gefangenenlager abgesetzt. Dort befanden sich mindestens zwei- bis dreitausend Gefangene; Offiziere abgesondert von allen anderen. Da die Amerikaner uns die Tornister gestohlen hatten, mußten wir auf Decken liegen, die vom Roten Kreuz bereitgestellt wurden. Verpflegt wurden wir ebenfalls vom Roten Kreuz – einmal am Tag, und das spärlich.

Einer der Schutzengel begann nun seine Arbeit: Ich bummelte durch das Lager, an unzähligen herumlungernden Gefangenen vorbei, als ich plötzlich einen Gefreiten der Luftwaffe apathisch am Boden sitzen sah. Sein Gesicht kam mir bekannt vor. Ich fragte ihn: „Kamerad, ich heiße Czernin, wie heißt du?“ Er fragte mich daraufhin, ob ich der Sohn von Eugen Czernin sei, was ich bejahte. Daraufhin sagte er, daß er vor ein paar Jahren in

Neuhaus zu den großen Herbstjagden als Jagdgast bei uns war. Ich fragte ihn, was ich tun solle, um hier bald herauszukommen. Er antwortete, daß alle Gefangenen, die in einem Umkreis von höchstens fünfzig Kilometern zu Hause waren, als erste entlassen würden. Das traf für mich nicht zu. Da riet er mir, dem amerikanischen Vernehmungsoffizier zu sagen, daß ich im nahe gelegenen Städtchen Wernberg Pflegeeltern habe, zu denen ich entlassen werden möchte. Ich ging also zum Vernehmungsoffizier, einem sehr freundlichen amerikanischen Juden. Als ich dort, verdreckt, verschmiert, spärlich gekleidet, ankam, fragte er mich zunächst nach meinem Namen. Als ich „Czernin" antwortete, schaute er mich etwas erstaunt an und fragte, ob ich mit dem ehemaligen österreichischen Außenminister (1916–1918) verwandt sei. Ich sagte: „Er war ein entfernter Verwandter." Daraufhin sah er mich mitleidig an, sagte: „Sic transit gloria mundi" (so vergeht der Ruhm der Welt) und überreichte mir, freundlich lächelnd, meine Entlassungspapiere. Nun war ich wieder ein freier Mann und machte mich, dem Rat des Luftwaffen-Gefreiten Henckel-Donnersmark folgend, auf den Weg in das nahe gelegene Städtchen Wernberg, wo im dortigen Schloß meine „Pflegeeltern", Graf und Gräfin Schall, wohnten. Dort angelangt, stellte ich mich vor, und da die Gräfin eine geborene Lobkowitz war, mit denen wir verwandt sind, kannte sie sich gleich aus. Ich wurde freundlichst aufgenommen, zwei Tage lang reichlichst gefüttert und in Zivil eingekleidet. Dann machte ich mich auf den langen Marsch Richtung Chudenitz.

Nun schlug wiederum einer meiner Schutzengel zu: Unmittelbar am Ende des Städtchens Wernberg stand am Straßenrand ein Konvoi amerikanischer LKWs, die dort Pause machten. Ich ging zum ersten LKW, in dem der Führer dieses Konvois saß, zeigte ihm meine Entlassungspapiere und fragte ihn, wohin der Konvoi fahre. Zu meinem großen Erstaunen sagte er: „We are going to

Klatovy." Sie fuhren also nach Klattau, einer kleinen Stadt, nur fünf Kilometer von Chudenitz entfernt. Er ließ mich in einen der LKWs einsteigen, wo ich neben dem Chaffeur, einem Neger, der mich die ganze Zeit mit Schokolade fütterte, als hätte er gewußt, daß die Czernins vor allem dafür bekannt sind, daß sie so gerne Schokolade essen. So fuhren wir über die tschechische Grenze, winkten – auch ich – den tschechischen Zöllnern zu und landeten nach zirka dreistündiger Fahrt in Klattau, von wo ich dann zu Fuß nach Chudenitz gehen wollte. Aber schon nach kürzester Zeit kam ein Auto, das in meine Richtung fuhr und auf ein Handzeichen von mir anhielt. Ich sagte dem Fahrer, ich wolle nach Chudenitz ins Schloß, wo meine Mutter und meine Schwester seien, worauf er sehr freundlich war und mich hinbrachte. Über der Einfahrt in den Schloßpark war ein großes Schild befestigt, auf dem „Statny Majetek", das heißt „Staatsbesitz", stand. Für mich ein Schock, denn nun wußte ich, daß uns von unserem Besitz nichts mehr gehörte.

Der Verlust des Familienschmucks

Wie bereits zu Beginn dieses Buches erwähnt: Die Russen hatten sich am 13. Mai 1945 in Schloß Petersburg einquartiert, und wir hatten möglichst bald zu verschwinden. Meine Mutter, vorausahnend, welche Dinge da auf uns zukamen, befand sich in ihrem Schlafzimmer, während weibliche Rotarmisten in ihrem Kleiderschrank wühlten. Sie war versteckt hinter einem Paravent, in der Nähe des offenen Fensters, und hatte eine Ledertasche bei sich, in der unser Familienschmuck verstaut war, der beachtlich war – allein elf Meter Barockperlen, getauchte, nicht gezüchtete! In ihrer Panik faßte sie den verwegenen, spontanen Entschluß, die mit dem Familienschmuck vollgestopfte Tasche durch das offene Fenster in den Schloßhof hinauszuwerfen und dann nachzuspringen, wobei sie sich ziemlich sicher ein oder beide Beine gebrochen hätte, wenn nicht noch mehr. Denn es wäre immerhin ein Sprung aus mindestens fünf Metern Höhe gewesen. Es kam aber – man muß sagen glücklicherweise – nicht zu diesem tollkühnen Sprung der mutigen Schloßherrin, da im gleichen Augenblick, als die Ledertasche schmuckbeladen zu Boden fiel, ein russischer Jeep vorbeifuhr, das wertvolle Flugobjekt sah, kurz anhielt, es in das Auto hob und davonbrauste.

Inzwischen stand eines unserer Autos bereit, um Vater, Mutter und Schwester mit einem tschechischen Chauffeur am Steuer auf unseren Besitz Chudenitz in Westböhmen, wo man die Amerikaner vermutete, zu transportieren. Vor der Abreise jedoch ging mein Vater zum russischen Kommandeur, um ihn durch Dolmetscher von diesem Vorgang – der Geschichte mit dem Schmuck – in Kenntnis zu setzen. Der Russe hörte interessiert zu. Dann sagte er: „Da meine Soldaten nicht lügen, werde ich sie im Schloßhof antreten lassen und sie fragen, wer die Ledertasche mit dem Familienschmuck genommen hat. Jenen, der sich meldet, lasse ich vor Ihren Augen erschießen. Wenn sich keiner meldet, werden Sie erschossen." Darauf sagte mein Vater: „Lassen Sie's lieber bleiben. Danke schön" und ging, auf den Schmuck verzichtend, aber dennoch erleichtert, zum bereitstehenden Auto, um gegen Westen, ins Ungewisse zu fahren.

Unter dem Schutz der Amerikaner

Mutter und Schwester kamen gottlob in Chudenitz an. Mein Vater leider nicht. Der Wagen wurde unterwegs von einem tschechischen Militärfahrzeug angehalten. Mein Vater mußte umsteigen, und die Tschechen fuhren mit ihm davon. Wohin, wußten Mutter und Schwester nicht. In unserem Schloß Chudenitz war, so wie in Petersburg ein russischer Stab, ein Stab der US-Armee einquartiert. Aber welch ein Unterschied! Sie nahmen meine Mutter und meine Schwester geradezu gastfreundlich auf: Sie stellten ihnen ihre gewohnten Schlafzimmer zur Verfügung, versorgten sie mit Lebensmitteln, da sie als sogenannte Sudetendeutsche keine Lebensmittelkarten erhielten, luden sie des öfteren am Abend in den Salon ein und benahmen sich durchwegs tadellos.

Eines schönen Tages im Sommer 1945 tauchte ich also in Chudenitz auf. Wir drei fielen einander in die Arme. Meine Mutter hatte ja nichts von mir gewußt. Ich wohnte nun in dem gleichen Zimmer, in welchem ich immer während der Sommerferien gewohnt hatte.

So verbrachten wir zirka vier Wochen eine ruhige, erholsame Zeit in der Obhut und unter dem Schutz der Amerikaner, bis uns eines Tages der Kommandeur des Stabes mitteilte, daß die Amerikaner, entsprechend einer Abmachung mit der UdSSR, diesen Teil Böhmens, in dem auch Chudenitz lag, räumen mußten und sie daher in drei Tagen abziehen würden. Er stellte uns vor die Entscheidung, entweder hierzubleiben oder mit ihnen nach München, wohin sie fahren würden, zu kommen. Der Kommandeur fügte hinzu, daß wir, sollten wir mit ihnen fahren, nichts von den Gegenständen in Chudenitz mitnehmen dürften, denn vor der Abfahrt würden Tschechen kommen und unser spärliches Gepäck nach solchen Dingen genauestens durchsuchen. Er sei für die Übergabe des Hauses mit allem, was sich darin befinde, verantwortlich. Die Entscheidung – hierbleiben oder mitfahren – fiel uns nicht schwer. Um so mehr, als wir wußten, daß Hierbleiben die sofortige Überstellung in ein Lager der Tschechen zur Folge hätte, wo es uns sehr schlecht ergehen würde.

Wir mußten also im Sommer 1945, wie alle übrigen drei Millionen sogenannten „Sudetendeutschen“, zwangsweise die Tschechoslowakei – ausgestattet mit nur zwanzig Kilo Handgepäck, von den Tschechen großzügigerweise gestattet – verlassen. So fuhren wir nun in einem Jeep mit. Nach einigen Stunden Fahrzeit erreichten wir München, und der freundliche Kommandeur ließ uns zu einer Schwester meines Vaters, Fürstin Weikersheim, nach Gräfelfing bringen, einem Vorort von München, wo sie in einer schönen Villa mit Garten lebte. Obwohl ihr Haus vollgestopft mit deutschen Flüchtlingen aus Ostdeutschland war, fand sie doch ein kleines Zimmer, um Mutter und Schwester Theresel freundlicherweise aufzunehmen. Ich wohnte in einem winzigen Zimmer in Untermiete bei einer lieben alten Dame in München und verdiente mein Geld als Chauffeur bei einem amerikanischen Oberst, der mich fast väterlich behandelte. Mein Vater war, wie wir inzwischen erfahren hatten, in Prag in das berüchtigte Gefängnis „Pangratz“ eingeliefert worden.

Nach zirka zwei Monaten tauchte mein Vater plötzlich bei uns auf, nachdem er aus dem Prager Gefängnis, wo er Furchtbares erlebt und mitangesehen hatte, entlassen worden war. Seine Unschuld an der Unabhängigkeits-Demonstration der Sudentendeutschen während des Runciman-Besuches im Hof des Schlosses Petersburg hatte sich erwiesen.

Es folgen nun Beispiele, die zur Rehabilitierung und Entlassung meines Vaters aus dem Gefängnis führten; Beispiele nicht nur für den Patriotismus, sondern auch für den großen Mut meines Vaters:

Es liegt ein Schreiben des Sohnes von Lord Runciman vor, der damals seinen Vater auf der Reise in die Tschechoslowakei begleitet hat. Darin bestätigt er, daß Eugen Czernin nach Ansicht seines Vaters „der beste Exponent für den tschechischen Standpunkt" war.

Eugen Czernin hat 1944, als zwei tschechische Beschäftigte verhaftet wurden, die Gehälter bis zum Ende der Okkupation weiterhin ausbezahlt, obwohl dies nach Ansicht seines Rechtsanwaltes nach NS-Gesetz streng verboten war.

Besondere Unterstützung gewährte Eugen Czernin auch tschechischen Studenten, die sich aktiv an den Studentenunruhen in Prag vom 28. 10. und 15. 11. 1939 beteiligt hatten (woraufhin die Universität gesperrt wurde). Er hat dem Sohn eines Angestellten, Karel Nemec, der von der Gestapo verhaftet worden war, 15.000 Kronen für dessen Verteidigung geschenkt und außerdem seinen Anwalt, Dr. Karel Mayer, beauftragt, für die Verteidigung des Sohnes vor dem Volksgerichtshof in Dresden zu sorgen.

Weiters hat Czernin drei tschechische Studenten angestellt, weil diese eine Beschäftigung nachweisen mußten, um der Verbringung nach Deutschland zur Arbeit zu entgehen.

Von den Mitarbeitern Czernins wurden nicht nur jene tschechischer Nationalität, sondern auch slawische Zwangsarbeiter umfassend unterstützt.

Auch gegenüber feindlichen Kriegsgefangenen hat sich Czernin in überaus antifaschistischer Weise verhalten. Dies zunächst dadurch, daß er ihnen gegenüber, wie etwa dem belgischen Kriegsgefangenen René Legros, seine Aversion gegen den Nationalsozialismus erklärt hat. Noch weiter ging Eugen Czernin, indem er unter anderem französischen Kriegsgefangenen das Hören von ausländischen Sendern ermöglichte, was von strenger Strafe bedroht war. Schließlich begab sich er in die größte Gefahr, von den deutschen Okkupanten terrorisiert zu werden, als er vier Kriegsgefangenen ein Auto für die Flucht zur Verfügung stellte.

Auch die politische Gesinnung des Eugen Czernin war von einer strikt antinationalsozialistischen und antifaschistischen Haltung geprägt. So hat er den Beitritt zur NSDAP mehrmals abgelehnt. Diese antinationalsozialistische Gesinnung wurde auch gegenüber zahlreichen Mitarbeitern kundgetan und hat Eugen Czernin eine solche Gesinnung auch von den Mitarbeitern erwartet.

Eugen Czernin pflegte auch während der Okkupation Kontakt mit tschechischen Politikern und konnte auch zur für die Stadt Neuhaus (Jindrichuv Hradec) günstigeren Grenzziehung beitragen. Schließlich zeigte auch noch der Umstand, daß Eugen Czernin nach den Studentenunruhen eine Messe für die erschossenen tschechischen Studenten lesen ließ, seine politische Haltung.

Interessant ist auch, daß die Nationalsozialisten selbst Eugen Czernin gegenüber eine negative Haltung hatten. So vermerkte der Regierungskommissar von Neuhaus, Böhm, in seiner „Studie über das Deutschtum in der Stadt", daß in den Betrieben Eugen Czernins kaum ein Deutscher zu sehen sei und damit der „deutsche" Adelige seine Pflicht nicht erfülle.

Nur zur Abwendung größter Gefahr für die eigene Familie und die umgebenden Tschechen, vor allem die Dienstnehmer, legte Eugen Czernin in einzelnen Fällen allenfalls Lippenbekenntnisse für die Deutschen ab.

Auch für tschechische Institutionen hat Eugen Czernin immer Hilfe bereitgestellt. So wurde anläßlich der silbernen Hochzeit von Eugen und Josefine Czernin der tschechischen Caritas ein Betrag von 70.000 Kronen gespendet mit der ausdrücklichen Anweisung, diesen Betrag auf tschechische karitative Institutionen aufzuteilen.

Besonders engagierte sich Eugen Czernin für die Würdigung des berühmten Tschechen Josef Dobrovsky (Begründer der tschechischen Philologie), auch während der Okkupationszeit. Ebenso konnte er ein wichtiges tschechisches Kulturgut in Prag vor den

Deutschen verstecken. Er trug weiters die Kosten für einen tschechischen Kindergarten und versorgte ehemalige Angestellte in ihrer Pension.

Im Jahre 1943 hat Eugen Czernin in Neuhaus, das in Gefahr war, durch die Deutschen abgeschnürt zu werden, eine rein tschechische Schule unterstützt.

Schließlich war Eugen Czernin auch Mitglied von zahlreichen tschechischen Verbänden, so unter anderem der „ eska liga akademicka", beim „Svaz eskoslovenskych velkostatkaru" (Verband tschechoslowakischer Großgrundbesitzer) und bei der „Masarykova letecka liga" (nach Masaryk benannte Fliegerliga).

Auch nach innen, innerhalb der Familie, wurde vorwiegend eine tschechische Haltung eingenommen. So wurden für die Kinder von Eugen Czernin tschechische Erzieher angestellt.

Bei jedem einzelnen dieser Unschuldsbeweise sind die entsprechenden Erklärungen, Beilagen, Einvernahmen, Dokumente etc. mit jeweiligem Datum angegeben.

Nachdem mein Vater aus dem Prager Gefängnis „Pankratz", wo er wegen der Demonstration im Schloßhof von Petersburg drei Monate eingesperrt war, schließlich als schuldlos entlassen worden war, ging er in Prag in unsere Kirche auf der Kleinseite, die Niklaskirche, und hörte den Priester bei der Predigt die Worte sagen: „Das Gebot der christlichen Nächstenliebe gilt nicht für Sudetendeutsche." Niemand in der damaligen Tschechischen Republik hat auch nur ein Wort über die Vertreibung und Ermordung von bis zu 300.000 Sudetendeutschen verloren. Viele meinten, es wäre zwar gerechtfertigt gewesen, aber leider sei es dabei zu „Unregelmäßigkeiten" gekommen, wie tschechische Medien es formulierten. Auch der tschechische, zumeist chauvinistisch eingestellte Adel schwieg. Daher gibt es für mich in diesem Land einen Stand und eine Klasse, für die ich keinerlei Respekt habe, sondern nur Verachtung: Erstens den Priesterstand, der weitgehend vom hussitischen Geist infiziert ist, und, zweitens, den tschechischen Adel.

Als vor vielen Jahren Präsident Havel einmal sagte, es sei 1945 zu Ungerechtigkeiten gekommen, löste er damit bei fast allen, sogar beim Klerus, einen Sturm der Empörung aus. Nur kleine Gruppen innerhalb der tschechischen Gesellschaft treten für eine Wiedergutmachung an den Sudetendeutschen ein, so die Paneuropa-Bewegung, ein Teil der Kirche und einige Intellektuelle rund um Universitätsprofessoren wie Rudolf Kucera und Bohumil Dolecal. Nach einigen Umfragen werden diese Kreise von weniger als 1 % des tschechischen Volkes unterstützt.

Hitler und die Kunstschätze

Wie zu Beginn dieses Buches bereits erwähnt, besaßen wir auch das berühmte Gemälde von Vermeer van Delft „Der Maler bei der Arbeit". Es gilt heute als das wertvollste Bild von Vermeer überhaupt. Da zum Unterschied von der Tschechoslowakei in Österreich damals noch das Fideikommiß galt, wonach der gesetzmäßige Erbe – ein Neffe meines Vaters, Jaromir Czernin – über das Vermögen verfügen konnte und sich die Czerninsche Galerie in Wien befand, stellte Jaromir Ansprüche auf die gesamte Bildersammlung. Es kam zu einem vehementen Streit zwischen meinem Vater und ihm. Schließlich fand man einen Kompromiß, welcher den schon damals enormen Wert des Vermeer bewies, nämlich daß Jaromir drei Fünftel und mein Vater zwei

Fünftel des Vermeer plus den ganzen Rest der Sammlung bekommen sollte. Nun besaß also Jaromir drei Fünftel des Vermeer. Da er fünfmal verheiratet war und auf großem Fuß lebte, brauchte er immer viel Geld. Er entschloß sich daher, den Vermeer zu verkaufen, und ging mit ihm hausieren, um einen Käufer zu finden. Zuerst wandte er sich an den deutschen Zigarettenkönig, den Multimilliardär Reemtsma, Vater des millionenschweren Salonkommunisten, der heute seine infame Anti-Wehrmachtsausstellung in ganz Deutschland und Österreich mit dem Wohlwollen der Politiker, Medien und „Umerzieher“ zur Schau stellt. Reemtsma hat nicht angebissen, aber dafür Hitler auf dieses Bild aufmerksam gemacht. Dieser suchte damals bedeutende Bilder für das von ihm nach dem Krieg in Linz geplante Museum. Zum Unterschied von Reemtsma interessierte sich Hitler sofort und ließ sich das Bild kommen. Er entschloß sich, es zu kaufen. Es sollte das Paradestück für Linz werden. Hitler bot einen für damalige Begriffe enormen Preis, nämlich 1,650.000 Reichsmark.

Da aber der Vermeer nur zu drei Fünfteln Jaromir gehörte und zu zwei Fünfteln meinem Vater, mußte Jaromir für den Verkauf die Zustimmung meines Vaters einholen. Ihm selbst hätte sie mein Vater sicher nicht gegeben. So kam eines Tages im Jahre 1943 der persönliche Sekretär Hitlers, Freiherr von Dörnberg, zu uns nach Petersburg. Ein äußerst sympathischer Herr, 2,05 Meter groß. Wir hatten Mühe, für ihn ein Bett zu finden, in das er hineinpaßte. Er blieb drei Tage und versuchte, meinen Vater zu bewegen, dem Verkauf des Bildes zuzustimmen. Aber umsonst. Mein Vater weigerte sich standhaft. Nach langen Gesprächen gab er schließlich nach, weil ihm Dörnberg klarmachte, daß er einen Wunsch des Führers nicht verweigern könne. Es würde ihm Schwierigkeiten verursachen. So wurde also der Vermeer an Hitler verkauft. Von dem Geld (wie gesagt, 1,650.000 Reichsmark, die an Jaromir überwiesen wurden) hat mein Vater nichts gesehen. Er verzichtete darauf, weil er mit Jaromir nichts zu tun haben wollte.

Im Jahre 1947, als wir in unserem Haus in Wien am Friedrich Schmidt-Platz lebten, welches zum Teil zerbombt war, kam eines Tages Jaromir zu meinem Vater und forderte ihn auf, sich als Privatankläger dem Prozeß anzuschließen, den er damals gegen die Republik Österreich führte, da der Vermeer Hitlers Privatbesitz war und als solcher per Gesetz dem österreichischen Staat verfiel. Zur Begründung seiner Klage gegen den Staat behauptete Jaromir, von Hitler zum Verkauf des Bildes erpreßt worden zu sein. Mein Vater war über dieses Ansinnen leicht empört und sagte zu ihm: „Du bist doch mit dem Bild hausieren gegangen. Das weißt du genausogut wie ich." Der Besuch wurde kurz darauf beendet.

Nun ein paar Anmerkungen zu einer weiteren historischen Lüge, die bis heute geglaubt wird, nämlich der Behauptung, daß es unter Hitler zum „größten Kunstraub aller Zeiten" kam. Der „größte Kunstraub aller Zeiten" fand allerdings nicht unter Hitler statt, sondern unter Stalin: Die Rote Armee hatte eigene „Trophäen-Brigaden" aufgestellt, die mit regelrechten Listen in der Hand nach zu beschlagnahmenden Kunstgegenständen fahndeten. Allein aus Dresden wurden insgesamt 200.000 Kunstwerke – in Worten: zweihunderttausend – in die Sowjetunion gebracht. Alles in allem transportierte die UdSSR Tausende Gemälde und Hunderttausende andere Objekte aus verschiedenen Museen sowie Millionen Bücher und Möbel ab. Davon wurde ein guter Teil schon in den fünfziger Jahren zurückgegeben, vor allem im Jahr 1958, in dem in Ostberlin 1,572.097 Kunstgegenstände eintrafen. Dies war aber nicht einmal die Hälfte des verschleppten Gutes: Im März 1994 vereinbarten die Bundesrepublik Deutschland und die Russische Föderation den Austausch von Listen zur beiderseitigen Rückführung von Kulturgütern, auf deutscher Seite ging man damals davon aus, daß sich noch eine Million Bücher sowie über 3 km Archivmaterial aus ehemaligem deutschem Besitz in Rußland befinden müßten, weitere zehntausende Objekte in anderen Nachfolgestaaten der Sowjetunion, wie Günther Haase in seinem Buch „Die Kunstsammlung Adolf Hitler“ schildert. Bis heute wurde der überwiegende Teil dieser Kunstgegenstände übrigens nicht zurückerstattet.

Auch von den Westalliierten wurde geraubt und beschlagnahmt, da aber vor allem von „privater“ Seite. So kaufte die Bundesrepublik Deutschland erst vor wenigen Jahren den verschleppten Quedlinburger Domschatz von den Erben des Diebes – einem amerikanischen Offizier – für mehrere Millionen Dollar zurück!

Diebstahl von Kunstgegenständen in Kriegszeiten hat leider eine lange Tradition. Beispielsweise wurde noch im letzten Jahr des Dreißigjährigen Krieges das von den Schweden besetzte Prag auf Befehl von Königin Christina vollständig ausgeplündert, mehr als 40.000 Kunstgegenstände wurden nach Stockholm gebracht – und nie zurückerstattet. Die legendäre Kunstsammlung Kaiser Rudolfs II. fiel damit an die Schwedische Krone und ist heute durch Vererbung und Verkauf auf der ganzen Welt verstreut. Auch Napoleon gliederte wertvollste Kunstgegenstände aus den besetzten Ländern dem Louvre ein, was im Zuge der Besetzung von Paris im Jahre 1815 durch die alliierten Truppen aber rückgängig gemacht wurde. Einen der bedeutendsten Kunstraube aller Zeiten verübte auch die Republik Österreich, nämlich im Jahre 1919, aufgrund des von allen Parteien beschlossenen Gesetzes, daß das Privatvermögen der Familie Habsburg-Lothringen dem österreichischen Staat verfallen sei. Aufgrund dieses Gesetzes wurde auch der gesamte Bestand des Kunsthistorischen Museums in Wien mit äußerst bedeutenden Werken enteignet, und das, obwohl er nicht zum Kronvermögen gehörte, sondern habsburgischer Privatbesitz war. Vor diesem Hintergrund nehmen sich die Kunstbeschaffungsaktionen Hitlers fast bescheiden aus.

Jüdisches Vermögen wurde freilich beschlagnahmt, dies allerdings nicht, weil sich Hitler privat bereichern wollte, sondern vor allem zur Ausstattung des geplanten Museums in seiner Heimatstadt Linz. Als übrigens dem Baron Rothschild nach dem Zweiten Weltkrieg seine Wiener Sammlung zurückerstattet wurde und er sie in den späten fünfziger Jahren nach Frankreich bringen wollte, verbot ihm dies das österreichische Bundesdenkmalamt. Man zwang ihn zu einem Kompromiß, was eine glatte, unerhörte Erpressung bedeutete. Rothschild wurde der Transfer seiner Sammlung nach Frankreich nur unter der Bedingung erlaubt, daß er sich „freiwillig" zur Überlassung zahlreicher besonders wichtiger und wertvoller Bilder an das Kunsthistorische Museum in Wien bereit erklärte. Heute sind sie dort zu sehen, darunter bedeutende Gemälde von Frans Hals oder das wichtigste Bild von David Teniers „Der Künstler in seinem Atelier". Eine Freundin von uns, Gräfin Grundemann, welche noch vor ein paar Jahren Führungen durch das Kunsthistorische Museum organisierte, tat das eines Tages auch für die Tochter Rothschilds, die sie beim Gang durch das Museum begleitete. Sie blieb vor den gestohlenen Bildern ihres inzwischen verstorbenen Vaters stehen und erinnerte sich genau, wo dieses oder jenes Bild im Rothschild-Palais in der Wiener Prinz Eugen-Straße gehangen war. Das ist wohl eine Schande für unser Land und seine damalige Regierung.

Auch Museen in den besetzten Teilen der Sowjetunion wurden geräumt, aber schon in Polen, wo ebenfalls die bedeutendsten Kunstgegenstände auch als privaten Sammlungen beschlagnahmt worden waren, wurden diese mit wenigen Ausnahmen nicht außer Landes gebracht, sondern von den deutschen Behörden als „Eigentum der polnischen Nation" betrachtet. Und in den besetzten Ländern Westeuropas raubte oder beschlagnahmte Hitler genausowenig wie in Italien, sondern kaufte dort über den regulären Kunstmarkt ein und zahlte dafür bereitwillig auch stark überhöhte

Preise, wie Günther Haase in seinem Buch „Die Kunstsammlung Adolf Hitler“ schildert. Einige nach dem Krieg wissentlich aufgestellte falsche Behauptungen über angebliche Kunstraubaktionen des Dritten Reiches in Frankreich und Italien behandelt auch Dr. Ernst Kubin in seinem gut recherchierten Buch „Raub oder Schutz?“, das vor allem der Tätigkeit des deutschen militärischen Kunstschutzes gewidmet ist. Im folgenden gebe ich einige Darlegungen Kubins im Zusammenhang mit Italien gekürzt wieder:

Nach Kriegsende machte es sich Dr. Rodolfo Siviero zur Aufgabe, nicht nur tatsächlich abhanden gekommene Kunstobjekte wiederaufzufinden, sondern darüber hinaus auch legal durch die Deutschen erworbene Kunstwerke nach Italien zurückzubringen. Er bediente sich dabei nicht stets lauterer Methoden, war aber dessenungeachtet durchaus erfolgreich. Die Ankäufe Hitlers und Görings bezeichnete er als Diebstahl und Raub, den deutschen militärischen Kunstschutz in Italien denunzierte er als eine Art Räuberbande.

Der deutsche militärische Kunstschutz war zu Beginn des Feldzuges gegen Frankreich im Mai 1940 auf Initiative des Oberkommandierenden des Heeres ins Leben gerufen worden. Mit seiner Leitung wurde der Kunsthistoriker Professor Dr. Franz Graf Wolff-Metternich betraut. Als Gründe für die Einrichtung dieser Organisation nannte Wolff-Metternich die Bestimmungen der Haager Landkriegsordnung sowie wohl auch die Erkenntnis der Verantwortung gegenüber den europäischen Kulturwerten. Es galt nicht, militärischen Interessen zu dienen, sondern die allgemeine europäische Forderung nach Erhaltung der Kunst- und Kulturgüter dem Militär gegenüber durchzusetzen und zu erreichen, daß trotz der Notwendigkeit der Kriegsführung weitgehend Rücksicht auf die Kulturgüter genommen werde. Hauptaufgabe des Kunstschutzes waren Schutz der Baudenkmale und der beweglichen Kunstdenkmale.

Vom November 1943 bis Juni 1944 umfaßte die Tätigkeit des Kunstschutzes in Italien im wesentlichen vier Bereiche: Er versah kulturell bedeutende Bauwerke mit Schutzschildern, traf Maßnahmen, durch welche Gebäude und Kunstwerke konkret geschützt wurden, unterstützte die Italiener, Kunstwerke aus abgelegenen Depots auf dem Land, wo die Kriegsrisiken zunahmen, weil die Front immer näher rückte, an sichere Plätze wie Rom oder Florenz, die zu „offenen Städten" erklärt worden waren, zu transportieren. Vor allem aber drang man deutscherseits mit dem Vorschlag durch, weitere Städte von besonderer kultureller Bedeutung, wie Siena und Assisi, zu „offenen Städten" zu erklären. Wie die Amerikaner berichteten, ordnete Hitler Ende 1943 ergänzend dazu an, daß „diese Kunstwerke, die wir dem Genius der italienischen Nation verdanken, in die offenen Städte Rom und Florenz zurückzubringen sind, wo sie vor dem Bombenterror geschützt und für Europa bewahrt werden können". Man beabsichtigte, wertvolle Kunstgegenstände in den neutralen Vatikan zu bringen.

Angehörige des Kunstschutzes und deutsche Soldaten retteten italienische Kunstwerke aus der Kampfzone selbst dann noch, als jene Gebäude, in denen die Kunstobjekte gelagert waren, unter Feuer lagen.

Philipp Prinz von Hessen, der gemeinsam mit Dr. Posse 1941 für Hitler in Italien eingekauft hatte, erklärte, man sei besonders darauf bedacht gewesen, „die italienischen gesetzlichen und behördlichen Bestimmungen genau zu beachten, da ja alle erworbenen Kunstschätze der Öffentlichkeit zugänglich gemacht werden sollen und man Differenzen mit dem befreundeten Italien unbedingt vermeiden wolle". Von seiten Italiens wurde betont, es habe sich bei den deutschen Ankäufen um eine Ausplünderung des nationalen künstlerischen Erbes gehandelt. Es kann keinem Zweifel unterliegen, daß der Umfang der im Auftrag Hitlers in Italien getätigten Ankäufe als ungewöhnlich zu bezeichnen ist. Über das Sonderkonto bei der deutschen Botschaft in Rom wurden 1941, in dem Jahr, in dem Hitlers Einkäufer hauptsächlich in Italien tätig waren, insgesamt etwas mehr als 40,200.000 Lire für etwas mehr als hundert Kunstwerke, vorwiegend Gemälde, bezahlt.

Der Vorwurf von Dr. Rodolfo Siviero, der die Einkäufe Hitlers und Görings als Diebstahl und Raub bezeichnete, und den deutschen militärischen Kunstschutz in Italien als Räuberbande denunzierte, ist unerhört. Von Plünderung hätte man wohl nur dann sprechen können, wenn die Käufe gegen den Willen des Eigentümers erfolgt wären. Dem war aber keineswegs so. Im Gegenteil: Philipp Prinz von Hessen gegenüber wurde damals von maßgebenden italienischen Stellen geäußert, man sei der deutschen Reichsregierung für die Belebung des zu jener Zeit darniederliegenden italienischen Kunstmarktes besonders dankbar, denn Hitler zahle hohe Preise, und das habe hohe Gewinne für die Verkäufer gebracht, aber auch für den italienischen Staat, der ja bis zu dreißig Prozent Ausfuhrsteuer kassierte. Bestätigt wurde dies durch ein damaliges Mitglied der deutschen Botschaft in Rom. Philipp Prinz von Hessen versicherte, als man ihm hervorragende Kunstwerke wie die „Rondanini-Pietà" von Michelangelo und Berninis „Verità" angeboten habe, habe Hitler es abgelehnt, in Verhandlungen über deren Ankauf einzutreten. Er sei der Auffassung gewesen, diese beiden Statuen seien für das italienische künstlerische Erbe zu wichtig. Kunstwerke dieser Qualität habe er niemals für Hitler erworben.

Die Schilderungen von Bergungsaktionen machen deutlich, unter welchen oft dramatischen und turbulenten Umständen italienisches Kunstgut geborgen werden mußte. Dabei sind insgesamt neunzehn deutsche Soldaten gefallen. Insbesondere der von Kubin zitierte Bericht Professor Reidemeisters, der dem Kunstschutz selbst angehört hatte und nach dem Krieg u. a. die Nationalgalerie in Berlin leitete, straft auch Behauptungen Lügen, die im September 1952 in der amtlichen Publikation „Documenti di Vita Italiana" veröffentlicht wurden. Demnach befanden sich viele dieser Bergungsorte inmitten der militärischen Aktionen. Damit sei den Nazisten die Möglichkeit gegeben worden, wird in der Publikation behauptet, sich der dort gelagerten Kunstgüter leicht zu bemächtigen. 1949 erschien im Katalog zur Ausstellung „Opera d'Arte recuperata della Germania" ein vom italienischen Unterrichtsminister Gonella gezeichnetes Vorwort, in dem der deutsche Kunstschutz als eine Organisation bezeichnet wurde, die nach Italien geschickt worden war, um Kunstwerke zu rauben. Dr. Battelli, Professor an der Vatikanischen Universität, bemerkte dazu: „Es ist eine Schande für Italien" und fügte bei, etwa ein Drittel der in diesem Katalog enthaltenen Werke sei innerhalb Italiens von Italienern gestohlen und von der Polizei wiederaufgefunden worden; diese Werke hätten überhaupt nie etwas mit Deutschland zu tun gehabt.

Der Bericht Professor Reidemeisters widerlegt auch Behauptungen, die selbst heute noch die Bergungsaktionen des Kunstschutzes als Raubversuche darstellen, wie das zum Beispiel in dem 1990 gedruckten Führer durch die Uffizien geschah: „Als Italien in den Zweiten Weltkrieg eintrat, wurden die Kunstwerke innerhalb fünfzehn Tagen abgeräumt und verlagert, und 1944 beschlagnahmten die Nationalsozialisten einen Großteil davon und nahmen sie auf dem Rückzug nach Deutschland mit."

Nun zum Fall Montecassino.

Im Oktober 1943 rückte die Front immer näher an die südlich von Rom gelegene Benediktinerabtei Montecassino. Das Kloster, 529 durch den heiligen Benedikt gegründet, krönte den Berg nahe der Stadt Cassino in etwa fünfhundert Meter Höhe. Die Abtei beherbergte wertvolle Kunstschätze, darunter die Bibliothek mit etwa 70.000 Bänden sowie das berühmte, 80.000 Dokumente umfassende Archiv.

Oberstleutnant Julius Schlegel versuchte Mitte Oktober 1943, den Erzabt Don Gregorio Diamare von der Gefahr zu überzeugen, in der das Kloster infolge der voraussehbaren Ereignisse schwebte, und ihn dazu zu bewegen, die Kunstschätze mit seiner Hilfe in Sicherheit zu bringen. Der Abt glaubte zunächst nicht daran, daß die Alliierten die Abtei jemals angreifen oder ganz zerstören würden. Schlegel stellte ihm die Gefahr drastisch vor Augen. Wenig später sprach er nochmals beim Erzabt Diamare vor. Inzwischen war der Krieg der Abtei ein gutes Stück näher gerückt. Die Meinung des Abtes hatte sich ebenfalls gewandelt. Er bat Schlegel nun, dem Kloster zu helfen; er selbst werde die Rettungsaktionen mit allen Kräften unterstützen. Schlegel ging sogleich ans Werk. Eine Unzahl Kisten, in denen die Kunstschätze abtransportiert werden sollten, wurde mit Hilfe seiner Soldaten angefertigt, Lastwagen und Treibstoff wurden bereitgestellt. General Conrad wußte noch nichts von den Rettungsaktionen. Schlegel hatte aus eigener Initiative gehandelt, die Verantwortung zunächst auf die eigene Kappe genommen. Erst später erstattete er seinem Divisionskommandeur Meldung. General Conrad stimmte den durch Schlegel eingeleiteten Maßnahmen nicht nur zu, er ordnete darüber hinaus an, daß sie mit verstärkten Mitteln fortzusetzen seien.

Im November 1943 war die Abtei geräumt. Erzabt Diamare zelebrierte in Anwesenheit Schlegels und seiner Soldaten eine Dankesmesse und überreichte dem Oberstleutnant eine in lateinischer Sprache verfaßte Urkunde: „Im Namen unseres Herrn Jesus Christus. Dem erlauchten und geliebten Offizier J. Schlegel, der die Mönche und Schätze des heiligen Klosters Montecassino mit viel Arbeit und Fleiß rettete, danken aus ganzem Herzen die Cassianenser und bitten Gott um sein weiteres Wohlergehen." Trotz dieser eindeutig auf die Bergung der Kunstschätze zielenden Maßnahmen Schlegels versäumte es der alliierte Rundfunk nicht, die Deutschen zu beschuldigen: „Die Division ‚Hermann Göring' plünderte in Montecassino."

Als dem deutschen Botschafter in Rom, Dr. Rudolf Rahn, bekannt wurde, daß die nach Montecassino verlagerten Kunstschätze römischer Museen in Gefahr seien, durch Angriffe der Alliierten zerstört zu werden, flog er in das „Führerhauptquartier" nach Ostpreußen und erwirkte die Zustimmung Hitlers, diese Kunstschätze nach Rom zurückzubringen, sowie die ausdrückliche Genehmigung, sie dem Vatikan in Obhut zu geben.

Festzustellen bleibt, daß am 15. Februar 1944 das eintrat, was Oberstleutnant Schlegel befürchtet hatte. Alliierte Flieger bombardierten die Abtei. 576 Tonnen Bomben wurden abgeworfen. Das Kloster war nun ein Trümmerhaufen. Eine ebenso sinnlose wie barbarische Tat, denn kein bewaffneter deutscher Soldat hatte sich je im Kloster befunden. Der US-amerikanische Generalleutnant Clark und der britische General Fuller bezeichneten die Untat nach dem Krieg als das, was sie war: „Ein Fehler, mehr noch, eine Dummheit." Die Kunstschätze wären samt und sonders durch die Bomben vernichtet worden, hätte Oberstleutnant Julius Schlegel sie nicht auf eigene Verantwortung und zunächst ohne Wissen seines Vorgesetzten aus Montecassino evakuieren lassen.

Schlegel wurde wegen dieser Tat nach 1945 als Kriegsverbrecher verdächtigt, sieben Monate inhaftiert und ihm überdies jahrelang seine Wohnung vorenthalten. 1952 lud man ihn als Ehrengast des Abtes der Benediktiner nach Rom ein. Auch Montecassino bereitete ihm einen enthusiastischen Empfang.

Die ersten sieben Tage der Besetzung der zerstörten Abtei durch alliierte Truppen wurden als „una settimana d'inferno" (eine Woche der Hölle) beschrieben. Vor allem neuseeländische Soldaten bemächtigten sich übriggebliebener Kunstgegenstände.

Gruppen von ihnen erschienen, ausgestattet mit Sägen, mit denen sie Teile des Holzschnitzwerkes aus dem beschädigten Chorgestühl der Hauptkirche herausschnitten. Sie wollten „Souvenirs" erbeuten. Auch Pickel brachten sie mit, mit deren Hilfe sie Mosaikteile heraushauten.

US-Colonel Henry C. Newton berichtete im August: „Das letzte Beispiel einer solchen Plünderung ereignete sich zwei Tage vor meiner Inspektion. Unter den Marmorstatuen befand sich ein repräsentativer heiliger Petrus, eine schöne Skulptur, die unbeschädigt entdeckt wurde. Diese Statue wurde ganz offensichtlich durch Soldaten zu dem Zweck geköpft, um den Kopf als Souvenir mitzunehmen. Das Antlitz anderer Statuen wurde durch Schlagwerkzeuge und andere Geräte in der Absicht zerstört, sich Teile des Gesichtes anzueignen."

Die Deutsche Wehrmacht in internationaler Sicht

Als ehemaliger Angehöriger der Deutschen Wehrmacht sehe ich mich gezwungen, für die Ehre der deutschen Soldaten einzutreten, nicht zuletzt um zu verhindern, daß meine Enkel, für die ich dieses Buch schreibe, mit einem falschen und verlogenen Geschichtsbild aufwachsen. Ein Geschichtsbild, das nicht nur durch Politiker, Medien und sogenannte Historiker im Sinne der „Umerziehung" falsch dargestellt wird, sondern vor allem durch die infame Anti-Wehrmachtsausstellung des Salonkommunisten und Multimillionärs Reemtsma, deren Exponate nach gründlichster Untersuchung durch einen polnischen und einen ungarischen Historiker in nicht wenigen Fällen als Fälschungen entlarvt wurden und in der ihre Großväter, so wie alle anderen Väter und Großväter, die Soldaten waren, als Verbrecher hingestellt werden. Ich will mich daher ausschließlich an Aussagen von Militärhistorikern, Politikern und Offizieren der einstigen Kriegsgegner halten.

Zunächst zur Frage, wer mit dem Bombenkrieg begonnen hat. Dazu der englische Unterstaatssekretär J. M. Spaight, eine Autorität auf dem Gebiet des Luftkriegsrechts, welcher in seinem 1949 in London erschienenen Buch „Air power and war rights" folgendes schrieb: „Wir begannen, Ziele in Deutschland zu bombardieren, ehe die Deutschen dies in England taten. Das ist eine historische Tatsache, die auch öffentlich zugegeben worden ist. Wir brachten London zum Opfer dar, denn die Vergeltung war gewiß. Es ist keine absolute Gewißheit, aber doch sehr wahrscheinlich, daß die Deutschen London und das Industriegebiet nicht angegriffen hätten. Deutschland bemühte sich um ein Stillhalteabkommen im Bombenkrieg, so oft sich dafür die leiseste Chance zu bieten schien."

Zur gleichen Frage ist erwähnenswert, was der jüdische Autor J. C. Burg (Pseudonym Ginsburg) in seinem Buch „NS-Verbrechen" dazu schreibt: „Wenn man den Begriff ‚Verbrechen gegen die Menschlichkeit' nicht so eng gefaßt sehen will, daß er nur Verbrechen gegen die Juden beinhalten soll, dann darf man nicht vergessen, daß es britische Geschwader waren, die damit begonnen haben, Bomben auf unschuldige Frauen, Greise und Kinder in Deutschland zu werfen."

Der weit über die Grenzen Englands hinaus bekannte Militärhistoriker und Schriftsteller Sir Basil Liddell Hart schreibt in seinem Buch „History of the second world war": „Die Deutschen waren vollkommen berechtigt, ihren Angriff auf London als Repressalie zu bezeichnen, da sie vor unserem sechsten Angriff auf Berlin erklärt hatten, daß sie zu einer solchen Handlung übergehen würden, falls wir unsere Nachtangriffe auf Berlin nicht einstellen."

Soviel zur Frage, wer mit dem Bombenkrieg begonnen hat. Durch diese Aussagen wird eine das deutsche Schuldenkonto belastende historische Lüge von Historikern und Militärsachverständigen der einstigen Kriegsgegner widerlegt, ohne daß deutsche Politiker und „Umerzieher" davon Kenntnis nehmen wollen.

Nun zur Ehre der deutschen Soldaten: Ende der fünfziger Jahre veröffentlichte die militärgeschichtliche Abteilung der israelischen Armee eine von ihr durchgeführte internationale Befragung, bei der es um die Bewertung der Armeen der Welt ging. In Europa wurde sie zuerst in der „Südost-Tagespost" in Graz und später im „Tagesspiegel" in Berlin veröffentlicht. Sonst wurde sie überall im Sinne der „Umerziehung" unterdrückt. Man hatte an mehr als eintausend Militärspezialisten auf der ganzen Welt einen umfangreichen Fragebogen geschickt. Zu den Teilnehmern der Befragung zählten jüdische Weltkriegsteilnehmer (Erster Weltkrieg) hoher Dienstgrade, berühmte Militärschriftsteller zahlreicher Länder, Journalisten vom Fach, Generäle, Admiräle, Militärattachés und Professoren der Kriegsakademien. Unter den beteiligten Prominenten befanden sich zum Beispiel US-General Marshall, der bereits erwähnte britische Militärhistoriker Sir Basil Liddell Hart, der einstige französische Kriegsminister General König, US-jüdische Kriegsautoren wie Leon Uris und Herman Wouk. Unter anderem war zu beantworten, welche Armee man als die beste betrachtete und welche Soldaten die diszipliniertesten und tapfersten waren? Die Organisatoren der Befragung hatten ein Punktesystem ausgearbeitet. Das Optimum, das jeder Befragte vergeben konnte, lag bei 100 Punkten. Die Auswertung der ausgefüllten Bögen ergab, daß die internationale Expertenschaft sowohl für den Ersten als auch für den Zweiten Weltkrieg die deutschen Soldaten als die besten der Welt einstufte; für den Ersten Weltkrieg mit 86, für den Zweiten Weltkrieg mit 93 Punkten.

Auch der US-amerikanische Militärschriftsteller jüdischer Abkunft Martin van Creveld räumt in seiner 1982 erschienenen Untersuchung zum Zweiten Weltkrieg mit dem Titel „Fighting Power, German and U.S. Performance 1939–1945“ dem Wehrmachts-Soldatentum einen Spitzenrang ein, indem er schreibt: „Die Wehrmacht war ein großartiger Kampfverband, der hinsichtlich Moral, Elan und innerem Zusammenhalt unter den Armeen des zwanzigsten Jahrhunderts nicht seinesgleichen fand.“ So tritt ein Jude für die Ehre der deutschen Soldaten ein, während sie von deutschen Politikern, Historikern und Medien besudelt und in den Dreck gezogen wird. Eine Schande für das Land!

Der britische Feldmarschall Alexander schreibt in seinen Memoiren: „Die deutschen Soldaten sind von einem starken Sinn für Pflicht und Disziplin beseelt gewesen und haben überall tapfer und zäh gekämpft. Ihre hohe Kampfmoral haben sie sich bis zuletzt bewahrt.“ Und an anderer Stelle: „Wir kämpften gegen die besten Soldaten der Welt.“

Der französische Militärhistoriker Philippe Masson meint in seinem auch auf deutsch bereits in der dritten Auflage erschienenen Buch „L’histoire de l’armee allemand“: „Diese Überlegenheit (der deutschen Armee; Anm.) kann durch eine simple Feststellung untermauert werden: Den ganzen Krieg über und auf allen Gebieten ist die Wehrmacht ein Modell für alle feindlichen Armeen.“

Noch einmal Basil Liddell Hart 1951 in der Londoner „Times“: „Reiste man nach dem Krieg durch die befreiten Länder, so hörte man allenthalben das Lob der deutschen Soldaten und nur zu oft wenig freundliche Betrachtungen über das Verhalten der Befreiungstruppen.“

In seiner Rede in Berlin anläßlich der fünfzigsten Wiederkehr des Kriegsendes sagte der sozialistische Präsident Frankreichs, François Mitterrand: „Ich habe erfahren, welche Tugenden, welchen Mut das deutsche Volk besitzt. Bei den deutschen Soldaten, die in so großer Zahl starben, kommt es mir kaum auf die Uniform an und noch nicht einmal auf die Ideen, die ihren Geist bestimmten. Sie hatten Mut. Sie waren in diesem Sturm losmarschiert unter Einsatz ihres Lebens. Sie haben seinen Verlust für eine schlechte Sache hingenommen. Aber wie sie es taten, hat mit der Sache nichts zu tun. Es waren Menschen, die ihr Vaterland liebten – dessen muß man sich gewahr sein." Beschämend für die anwesenden deutschen Politiker, von denen kein einziger jemals auch nur ähnliche Worte für die gefallenen deutschen Soldaten des Zweiten Weltkriegs fand. Dafür aber errichten sie Deserteuren, Feiglingen und Verrätern, nicht nur an ihren Kameraden, auch an ihrem Vaterland, Denkmäler und halten davor in beispielloser Geschmacklosigkeit verlogene Reden.

Wie schon gesagt, wurden durch die infame Wehrmachtsausstellung die Väter bzw. Großväter der deutschen Jugend pauschal als Verbrecher gebrandmarkt. Dazu eine jüdische Stimme, die das deutsche Volk verteidigt: Der Oberrabbiner Dr. Goldstein hielt kurz vor seinem Tod (17. April 1962) vor mehreren Hundert Bonner Studenten eine Rede, in der er unter anderem folgendes ausführte: „Das Wort ‚Kollektivschuld' hat ein hervorragender und weiser Mann geprägt, vor dem ich mich tief verneige, wenngleich ich feststellen muß, daß ich es als das dümmste Wort empfinde, das ich in meinem Leben gehört habe. Die Erde scheint verrückt geworden. Sie hat zu bluten begonnen und blutet bis zum heutigen Tage. Wir sind noch immer nicht geheilt. Es gibt keinen Punkt in der Geographie und keinen Tag im Kalender, da man nicht unter den Juden den Scheiterhaufen angezündet hätte. Frankreich und Spanien, England und Rußland und Deutschland und fast alle anderen haben daran teil. Man erfand in der ersten Zeit nach der deutschen Kapitulation das ekle Wort von der ‚Kollektivschuld'. Als es nicht mehr haltbar schien, kam das nicht weniger ekle Wort von der ‚Kollektivscham' auf. Beide Worte empfinde ich als unmoralisch und unsittlich. Ich bin der letzte, der Schuld wegdiskutiert, aber es ist immer nur individuelle Schuld. Jene zur Verantwortung zu ziehen, die an diesen Verbrechen keinen Anteil haben, vielleicht damals noch gar nicht geboren waren, das ist in meinen Augen Heuchelei, ja Schlimmeres."

Dr. Goldstein hat mit diesen Worten nicht nur das deutsche Volk in seiner Gesamtheit in Schutz genommen, woran sich jeder deutsche Politiker ein Beispiel nehmen sollte, sondern ihm auch eine neue und große Zukunft prophezeit. Er sagte: „Ich habe eine Vision. Ich sehe die Zeichen der Zukunft, und die Zukunft ist nahe. Viele Zeichen deuten darauf hin, und der Zeitpunkt ist nah, da die ganze Kulturwelt sich an Deutschland wenden wird, da die deutsche Nation aufgerufen ist, das Gute und das Moralische für uns alle zu vertreten. Ich begrüße mit Freude eure große Zukunft, die eurer großen und ruhmreichen Vergangenheit würdig ist. Nicht eure Feinde bestimmen die Zukunft, sondern ihr. Die Zukunft wird über die Haßerfüllten hinwegrollen."

Ein wahrhaft großer Mann, dessen Gesinnung Welten trennen von jener haßerfüllten eines Simon Wiesenthal oder gar Elie Wiesel. Gott gebe, Goldstein möge recht behalten!

Die angeführten Zitate mögen hinreichende und kompetente Antwort auf das Zerrbild der infamen Anti-Wehrmachtsausstellung sein. Der Ehrenvorsitzende der CDU-Fraktion im Bundestag, Alfred Dregger, bezeichnete sie als „schlimmes Werk des Unfriedens" und der „fanatischen Wut". Im Grunde verdiente sie „nur Verachtung, besser Nichtbeachtung". Und der langjährige Präsident des Verbandes der Historiker Deutschlands, Christian Maier, nannte sie „eine haarsträubende, demagogische Ausstellung".

Unverständlich bleibt, daß der deutsche Bundespräsident, der Kanzler und die übrigen Spitzenpolitiker der CDU schweigen, wenn offizielle Stellen ihre Hand zur Diffamierung von Millionen ehemaliger deutscher Soldaten reichen. Ist es Unsicherheit und politische Ängstlichkeit oder Ausdruck einer erbärmlich feigen Gesinnung?

Das Ende des „Böhmischen Märchens"

Doch nun abschließend zurück zu unserem Aufenthalt in Gräfelfing bei Fürstin Weikersheim:

Die Familie Weikersheim war nur von kurzlebiger Dauer. Die spätere Fürstin war mit einem Herrn Bronner verheiratet, worauf sie Frau Bronner hieß. Besagter Herr Bronner war im Ersten Weltkrieg von Kaiser Franz Joseph I., als dieser schon sehr alt war, zum „Flügeladjutanten" bestellt und in den Fürstenstand erhoben worden. Frau Bronner war nunmehr die einzige Fürstin Weikersheim. Da ihr einziger Sohn frühzeitig starb, gab es keine Nachkommen, und die fürstliche Familie Weikersheim verschwand wieder nach dem Tod meiner Tante im Jahre 1950.

Wir wollten nicht in München bleiben, sondern nach Wien fahren, in unser Palais am Friedrich Schmidt-Platz. Da wir aber als „Hinausgeschmissene" staatenlos waren, erwies sich die Erfüllung unseres Wunsches, nach Österreich zu gehen, als recht schwierig. Dennoch gelang es meinem Vater nach langen Bemühungen, Interventionen und Schlangestehen bei den verschiedensten Ämtern, die Genehmigung zur Ausreise nach Österreich zu erhalten. So fuhren wir eines Tages nach zirka zwei Monaten Aufenthalt in der Villa in München-Gräfelfing endlich nach Österreich. Aber wie? Nicht etwa in einem normalen Zug mit Personenwagen und Sitzbänken, wenngleich nur aus Holz. Nein, sondern in einem langen Zug, bestehend aus lauter Güterwaggons, vollgestopft mit österreichischen Heimkehrern. Meist, so wie ich, entlassene Kriegsgefangene, pro Waggon 20 bis 30 Leute. Die Fahrt dauerte sage und schreibe vier Tage und vier Nächte. Man schlief auf Stroh. Trotz allem war die Stimmung gut, ja sogar sehr gut. Man sang Lieder, lachte, erzählte einander Witze und Anekdoten. Verpflegt wurden wir während der viele Stunden dauernden Aufenthalte in unzähligen trostlosen Stationen spärlich, aber nicht schlecht, vom Roten Kreuz.

Schließlich erreichten wir Wien, wo wir in unserem Haus am Friedrich Schmidt-Platz wohnten. Ein herrliches Gefühl überkam uns dort in den großen, geräumigen Zimmern und unter der Fürsorge des Ehepaares Brandstädter, die hier Hausmeister waren.

So endet das „Böhmische Märchen“. Es bleibt ein kleiner Trost; nämlich der, daß Erinnerungen das einzige Paradies sind, aus dem wir nie vertrieben werden können.

Der Autor:
Rudolf Graf Czernin ist Privatgelehrter und Verfasser zeitkritischer und historischer Bücher. Von ihm erschienen im Leopold Stocker Verlag „Das Ende der Tabus – Aufbruch in der Zeitgeschichte“ (5. Auflage 2001) und „Vom Liberalismus zur Anarchie – Dem Sturz ins Chaos begegnen!“ (2002).